AF346840

MOMUS
A LA CASERNE.

Chansons, Romances, etc.

Par A. Jacquemart,

SERGENT-MAJOR AU 5e REGIMENT D'INFANTERIE DE LA GARDE ROYALE.

Paris,

Chez { HUBERT, Libraire, Palais-Royal, galerie de bois, n. 222.
PETIT, galerie de bois, côté du jardin.
MONGIE, Boulevard des Italiens.

1825.

ARIADNE, épouse de l'empereur Zénon, se livrait à la débauche à l'insu de son mari. Pour éviter son ressentiment, elle fit courir le bruit qu'il était mort dans une attaque d'épilepsie, le fit enfermer dans un tombeau, où ce malheureux expira de rage et de faim. Quarante jours après elle épousa Anastase son amant. — 5e et 6e siècles.

ARIARATHE II, roi de Cappadoce, fut vaincu par Perdiccas, qui le fit crucifier avec ses enfans et ses principaux officiers, à l'âge de 81 ans, 521 av. J.-C. Un seul de ses fils, Ariarathe III, échappa au supplice et ressaisit la couronne, vers l'an 300 av. J.-C. — On compte dix rois de Cappadoce du même nom, dont les règnes ont été constamment troublés par des guerres, des conspirations, que la politique romaine y entretenait. La plupart ne sont pas morts sur le trône.

ARIBERT, roi des Lombards, fut un prince féroce, dont les cruautés sans nombre ont été ou déguisées, ou transformées en actes de vertus par la reconnaissance du clergé, qu'il combla de richesses. Ayant lâchement fui dans une bataille contre les Bavarois, il fut chassé par les Lombards. Il voulut se réfugier en France; mais, voulant passer le Tésin à la nage, il était si chargé d'or que le poids de ce métal l'entraîna au fond. — R. 702 à 736. — Il y eut plusieurs autres princes de ce nom.

ARIMAZE, souverain d'une partie de la Sogdiane, s'enferma dans un fort qu'il croyait inaccessible, et demanda à Alexandre-le-Grand, qui le sommait de se rendre, si les Macédoniens avaient des ailes? Alexandre, l'ayant fait prisonnier, eut la cruauté de le faire mourir, 852 ans av. J.-C.

ARIOBARZANE. On compte trois rois de Cappadoce qui ont porté ce nom. Le premier fut élu pour mettre fin aux querelles de deux concurrens dont l'un était son fils. Le second n'a rien fait de remarquable. Le troisième régna avec son frère Ariarathe, et fut assassiné par Cassius, qui s'empara de ses Etats.

ARIOBARZANE, gouverneur persan, l'un des plus habiles et des plus courageux adversaires d'Alexandre-le-Grand, périt dans une bataille qu'il livra au conquérant, 330 ans av. J.-C.

ARION, poète et musicien célèbre de la Grèce, fut, dit-on, sauvé des flots par un dauphin qu'avaient attiré les sons harmonieux de sa lyre. — 7e siècle av. J.-C.

ARIOSTE (Louis), célèbre poète italien, s'est immortalisé par son poème de *Roland furieux*. — 1471 à 1533.

ARIOVISTE, roi des Suèves, fut défait par Jules César, dans une bataille donnée près de Besançon, l'an 58.

ARISTACRIDAS, capitaine spartiate, s'illustra, par sa bravoure, dans la guerre que les Lacédémoniens entreprirent pour franchir la Grèce pendant les conquêtes d'Alexandre.

ARISTAGORAS, gouverneur de Milet pour Darius, voulut

Momus

A LA CASERNE.

Momus

A LA CASERNE.

CHANSON-PRÉFACE.

Air : Quand c'est parti, ça ne r'vient plus. (*De Plantade.*)

EST-CE un rêve ? en notre caserne
J'entends agiter des grelots.
Armé d'un flacon de Sauterne ,
Momus nous adresse ces mots :
« Pourquoi briser le luth sonore ,
» Seul bien des *pauvres troubadours ?*
» Chantez, soldats, chantez encore. } (*bis.*)
» Chantez, soldats, chantez toujours.

» Jeunes preux , que l'honneur engage ,
» Soyez piquans , vifs et légers.
» Riez du burlesque langage
» De ces loups devenus bergers.
» Qu'un gai refrain qui vient d'éclore
» Etouffe leurs pesans discours :
» Chantez, soldats, chantez encore.
» Chantez, soldats, chantez toujours.

» Voyez fuir les noires ténèbres.
» Un rayon pur frappe vos yeux !
» N'entonnez plus d'hymnes funèbres.
» Français, par vos refrains joyeux
» Saluez cette douce aurore
» Présage de glorieux jours !
» Chantez, soldats, chantez encore.
» Chantez, soldats, chantez toujours.

» Pour égayer une campagne
» Les preux soldats du tems jadis
» Chantaient auprès de *Charlemagne;*
» Chantez, Morbleu, sous *Charles-Dix !*
» Ce bon roi, que la France honore,
» Sourit aux plaisirs, aux amours.
» Chantez, soldats, chantez encore.
» Chantez, soldats, chantez toujours. »

LE JOUR DE REVUE.

Inspectons nos effets, relevons nos moustaches,
On va jeter sur nous un regard scrutateur :
D'un bon soldat les habits et l'honneur
Doivent toujours être *sans taches.*

VIVE LA FRANCE !

CHANT HÉROÏQUE.

(Décembre 1822.)

Air : De Roland.

Ils reviendront ces temps heureux
De l'antique chevalerie
Où l'on voyait combattre un preux ,
Pour l'honneur et pour sa patrie.
Comme nos anciens chevaliers ,
Que la gloire élève nos âmes ;
Et gravons sur nos boucliers :
Dieu , le roi , l'honneur et les dames.

CHŒUR.

Soldats , de notre beau pays
Soyons la plus noble espérance ,
Et répétons près de *Louis* :
Tout à l'honneur ! (*bis*) Vive la France ! (*bis*).

Clio burine nos succès ,
Et nos yeux répandent des larmes !
Que penseront-ils des Français
Ceux que firent trembler leurs armes ?

Nobles Francs, au lieu de pleurer
Après des conquêtes si belles,
N'est-il pas plus beau d'espérer
D'en faire bientôt de nouvelles ?

    Soldats , (etc.)

Les braves, dit-on, *ne sont plus !*
Ah ! pour nous soldats quel outrage !!!
Trève à des regrets superflus ;
Doutons-nous de notre courage ?
Pourquoi gémir sur des tombeaux ,
Et nous confondre en plaintes vaines ?
Le sang de ces braves héros
Ne coule-t-il pas dans nos veines !

    Soldats , (etc.)

Livrés à l'amour, aux beaux-arts ,
Nous laissons reposer la terre ;
Mais pour défendre nos remparts
Nous reprendrons le cimeterre.
Amans et guerriers tour à tour,
Malgré vos cris, ligue félonne ,
Nos noms pourront briller un jour
Sur l'airain d'une autre *colonne !*

    Soldats , (etc.)

O toi, par l'erreur exilé,
Qui vas sur un lointain rivage
Étendre ton corps mutilé
Sous la cabane d'un sauvage,
Reviens sous nos ombrages frais
Cultiver un sol plus fertile,
Et que la France désormais
Des Français soit le *champ d'asile !*

Soldats, de notre beau pays
Soyons la plus noble espérance,
Et répétons près de *Louis :*
Tout à l'honneur ! (*bis.*) Vive la France ! (*bis.*)

ENSEIGNEMENT MUTUEL.

Air : De Colalto.

Les vieux guerriers, dont nous sommes enfans
Dans les camps seront nos modèles,
Nous suivrons leurs pas triomphans :
Ces braves à l'honneur seront toujours fidèles.
En partageant notre gloire et nos maux ,
Ils doubleront notre courage :
Tel un vieux chêne abattu par l'orage
Soutient encor ses flexibles rameaux. } (*bis.*)

COUPLET

IMPROVISÉ A UN DINER DONNÉ A L'AUTEUR
PAR PLUSIEURS OFFICIERS.

Air : Restez, restez, troupe jolie.

Bravant l'ennuyeuse étiquette,
Ne vois-je pas, en ce moment,
Se frotter *ma rouge épaulette*
A celle de mon lieutenant ?   (*bis.*)
De cet accueil je me fais gloire,
Songeant, en cet instant flatteur, } (*bis.*)
Que celui qui me verse à boire   }
Sera mon guide au champ d'honneur.

LE SOUVENIR.

J'adoucis les cruels tourments
Que nous fait éprouver l'absence.
Je suis le trésor des amants
Quand ils ont perdu l'espérance.

LE DORMEUR.

Air : De Lantara.

Vous dont la carrière est remplie,
Vous me reprochez chaque jour
De dormir avec ma folie
Entre le plaisir et l'amour. (*bis.*)
Laissez-moi prendre pour l'aurore
Le jour qui s'avance à grand pas :
Mes songes sont si doux encore !
Voilà pourquoi je ne m'éveille pas. } (*bis.*)

Qu'entends-je ? des chants de victoire !
Bellone crie à m'assourdir :
« Aux armes ! Veille pour la gloire. »
De grâce laissez-moi dormir !
Près de la *belle* que j'adore
Je livre de plus doux combats :
Mes songes sont si gais encore !
Voilà pourquoi je ne m'éveille pas.

Mais, grand Dieu ! sur ma main brûlante
Qui vient poser sa froide main ?.....
A sa démarche chancelante
Je reconnais le pauvre Hymen.

Triste Dieu qu'un souci décore,
On ne dort plus entre tes bras :
Mes songes sont si doux encore.
Voilà pourquoi je ne m'éveille pas.

Qui m'appelle ? Ah ! c'est toi , Sagesse !
Il est trop tôt pour m'éveiller.
Vois ce myrte que la tendresse
A posé sur mon oreiller.
D'Amour la voix est plus sonore ;
O Minerve, parle plus bas !
Mes songes sont si doux encore !
Voilà pourquoi je ne m'éveille pas.

Vous approchez, tristes veillées,
Je sens déjà le poids des ans ;
Ah ! sous des roses effeuillées
Cachons mes premiers cheveux blancs.
Je vois plus d'une fleur éclore ;
La foulerais-je sous mes pas ?
Mes songes sont si doux encore !
Voilà pourquoi je ne m'éveille pas.

COLAS A COLETTE.

ROMANCE VILLAGEOISE.

Air : A peine au sortir de l'Enfance.

N'hésite plus, ô ma bergère !
Que tous mes vœux soient accomplis ;
Tu peux demander à ma mère
Les *Colas* font de bons maris.
Ah ! lorsque l'hymen qui s'apprête
Nous tiendra tous deux dans ses lacs,
Colette, sois toujours Colette ;   } *(bis.)*
Moi, je serai toujours *Colas.*

Pour éclipser nos pastourelles,
Tu pourras porter à ton choix
Rubans, bijoux, fines dentelles :
A tout je donnerai ma voix.
Des dépenses de ta toilette
Crois que je ne me plaindrai pas :
Colette, sois toujours Colette ;
Moi, je serai toujours *Colas !*

Quand tous les bergers du village
Te cajoleraient tour à tour,

Je n'en prendrais jamais d'ombrage :
Pourrais-tu trahir notre amour ?
Si dans le bois tu vas seulette,
Jamais je n'y suivrai tes pas :
Colette, sois toujours Colette ;
Moi, je serai toujours *Colas*.

Si le sort pour un long voyage
M'éloignait de notre canton,
A mon retour dans mon ménage,
Si je trouvais gentil poupon,
Loin d'en avoir l'ame inquiète
Je le bercerais dans mes bras.
Colette, sois toujours Colette ;
Moi, je serai toujours *Colas*.

Je crois à ta vive tendresse,
A ta douceur, à ta bonté,
A ta candeur enchanteresse,
Surtout à ta *fidélité*.
Je te crois sensible et *discrète* ;
De tes vertus je fais grand cas :
Colette, sois toujours Colette ;
Moi, je serai toujours *Colas*.

LE PÈRE LACHAISE.

ROMANCE.

Dans ce séjour si doux et si paisible,
Où l'homme dort avec ses vains projets,
J'aime à rêver sur le marbre insensible
Qui me dérobe à de tristes objets.
Quel calme heureux règne dans cet asile
Quand on gémit dans nos brillans châteaux !
Fiers habitans des tombeaux de la ville,
Ah ! saluez la ville des tombeaux !   } (*bis.*)

Incline-toi, mortel que la fortune
Dès le berceau nomma son favori;
Jette un regard sur la tombe commune :
Du malheureux voilà le seul abri.
Le pauvre dort sous la couche d'argile,
Comme le prince en ses vastes caveaux.
Fiers habitans des tombeaux de la ville,
Ah ! saluez la ville des tombeaux !

Dans ce séjour où l'esprit s'alimente,
Jeunes auteurs, saisissez un crayon !
Prosternez-vous : cette terre est brûlante !
Il s'en élève un céleste rayon !

Devant *Grétry*, *La Fontaine* et *Delille*
Vous pâlissez, météores nouveaux !
Fiers habitans des tombeaux de la ville,
Ah ! saluez la ville des tombeaux !

Bouillans guerriers, émules de Bellone,
Qu'au champ d'honneur la gloire environna,
Ah ! contemplez la dernière couronne
Que le destin accorde à *Massena !*
Que nous apprend son cadavre immobile ?
Le marbre seul décèle le héros !
Fiers habitans des tombeaux de la ville,
Ah ! saluez la ville des tombeaux !

Quand l'homme échappe aux tourmens qu'il endure
Dans le néant il craint d'être abîmé.
Pourquoi ce doute ? au sein de la nature
Je ne vois rien qui ne soit animé.
Ici des morts la poussière subtile
Se mêle aux fleurs, aux naissans arbrisseaux...
Fiers habitans des tombeaux de la ville,
Ah ! saluez la ville des tombeaux !

MES CHATEAUX EN ESPAGNE,

ou

DEUX HEURES DE FACTION.

(rêve.)

Air : Il se croira dans un parterre.

Minuit sonne ! et sur ma guérite
Phœbé jette un pâle reflet :
Pour que le temps passe plus vite ,
Rêvons quelque joli projet.
Un instant battons la campagne.
Momus, agitant ses grelots ,
M'invite à le suivre en *Espagne,*
Pour y bâtir quelques *châteaux.* } (bis.)

En cessant d'être militaire
Je ne veux , loin d'être envieux ,
Qu'une cabane solitaire
Dans un vallon silencieux.
Loin du tumulte de la ville,
N'ayant pour voisin que.... l'écho.
Là je vivrai bien plus tranquille
Que dans un superbe château.

2

J'y composerai mainte strophe
Sur mes amours, sur mes regrets....
Mais hélas ! pauvre philosophe !
Seul en ces lieux tu t'ennuierais.
Eh bien ! prenons gente bergère,
Simple comme on l'est au hameau :
Elle saura bien mieux me plaire
Que la maîtresse d'un château.

De ma gentille ménagère
Je vois la taille s'arrondir !
Déjà sur la verte fougère
Je vois mon premier-né courir !
Non, rien ne manque à mon ivresse ;
Puis-je avoir un désir nouveau ?
J'éprouve tout, amour, tendresse ! !
Biens méconnus dans un château.

Je me vois une pépinière
De ces doux fruits de mon amour.
Ma pauvre petite chaumière
Ne peut me suffire en ce jonr.
Il faut songer à mon ménage.
Eh bien !.... au bord de ce ruisseau
Aggrandissons notre héritage ;
Bâtissons.... un petit château.

Me voilà bien plus à mon aise!
Mais il me faut changer d'habit.
Qu'un tailleur m'affuble à l'anglaise.....
Puis mon jardin est trop petit.
Achetons ce canal en face,
Ces bois, ce verger, ce coteau :
C'est le moins que j'aille à la chasse
En habitant dans un château.

Là-bas, auprès de ce platane,
Quel est ce mauvais galetas?
Grand Dieu ! c'est ma pauvre cabane !
Je ne la reconnaissais pas.
De moi, crainte qu'on ne se moque,
Allons, *Frontin*, prends un marteau;
Vite abats-moi cette *bicoque :*
Elle embarrasse *mon château.*

Qu'entends-je? les gens du village
M'appellent tous leur bon seigneur !
Ils viennent pour me rendre hommage :
Ah ! quel honneur !.... ah! quel honneur !...
Mais quoi !.... cela n'était qu'un rêve?
Un fruit de mon faible cerveau !....
Quelqu'un s'approche..... on *me relève !*
Adieu plaisirs, honneurs, château ! ! !

De l'homme telle est la manie ;
Jamais content de son destin,
On le voit dépenser sa vie
En souhaits pour le lendemain.
Ce qui dans l'instant sut lui plaire
Cesse de lui paraître beau :
Il désire dans sa chaumière,
Il désire dans son château.

AVIS.

Air : Du Château et de la Chaumière.

MARIONNETTES libérales,
Que l'on ballotte tour à tour,
L'intérêt d'vos ames vénales
Règle la pensée et l'amour.
Hélas ! pauvres polichinelles,
Pour un peu d'or mis en avant,
Cachez-nous au moins *les ficelles* } (*bis.*)
Qui vous donnent *le mouvement!* }

NELSON,

RONDE VILLAGEOISE.

Air nouveau.

CHŒUR.

« Dansez, jeunes bergères,
» Profitez des beaux jours.
» Par vos danses légères
» Enchaînez les amours. (*ter.*)

» Sous les antiques chênes,
» Plantés par vos aïeux,
» Formez de doubles chaînes
» Au son du luth joyeux.
» La rose balancée
» Par un vent doux et frais,
» Sur sa tige élancée
» Semble avoir plus d'attraits.

» Dansez, etc.

» Les fleurs entrelacées
» Qui paraient vos appas,
» Mourantes, dispersées,
» Voltigent sous vos pas.

» Je les vois disparaître
» Au souffle du zéphir :
» Le matin les vit naître,
» Le soir les voit mourir !

» Dansez, etc.

» Pourrez-vous, jeunes filles,
» Courir dans les vallons
» Sur de frêles béquilles
» Après les papillons ?
» Vous auriez sur la veille
» Des regrets superflus :
» Près d'une bonne vieille
» On ne soupire plus.

» Dansez, etc.

» De myrtes couronnées,
» Tendres filles des champs,
» Ah ! soyez entraînées
» Par de si doux penchans.
» Au printemps de la vie,
» Saison des vifs désirs,
» Heureux qui multiplie
» Ses pas et ses plaisirs !

» Dansez, etc.

» La danse et la tendresse
» Occupaient mes loisirs ;
» Je suis dans ma vieillesse
» Riche de souvenirs.
» Dans vos jeux je respire
» Mon bonheur éclipsé :
» Vous me voyez sourire
» En songeant au passé.

» Dansez, etc. »

A sa dernière aurore
Ainsi chantait Nelson :
Nos jeunes gens encore
Répètent sa chanson ;
Même sous le feuillage,
Au bruit du tambourin,
Les échos du bocage
Murmurent ce refrain :

« Dansez, jeunes bergères,
» Profitez des beaux jours.
» Par vos danses légères
» Enchaînez les amours. »

LA CRAINTE

D'UN SECOND DÉLUGE.

Ah! sur notre mobile empire
Quelque démon promène ses noirceurs,
Je n'entends s'exhaler que plaintes, que douleurs:
La terre peut-elle sourire
Tandis que le ciel est en pleurs?
Pour la seconde fois Dieu veut noyer la terre.
Pauvres humains, quel horrible fléau !
Ah ! je prévois un *déluge nouveau :*
L'eau pénètre.... jusqu'en mon verre !

LE FANATISME.

D'un Dieu juste et clément je fais un dieu barbare.
Un poignard à la main je conduis les mortels :
Le fils dénaturé, que ma fureur égare,
Immole son vieux père aux pieds de mes autels !

DES TABLEAUX, DES CHANSONS.

(MOIS DE MAI 1817.)

Air : Du vaudeville de la Robe et des Bottes.

Les échos au fond des vallées
Ne sont plus troublés par des cris ;
Les tendres mères consolées
Embrassent leurs enfans chéris.
Allons que la toile respire !
Qu'on fredonne des airs nouveaux !
Anacréon, reprens ta lyre.
Appelle, reprens tes pinceaux. } (*bis.*)

Une timide bergerette
Ne craint plus que sa blanche main
En cueillant une violette
Se baigne dans le sang humain.
Paisible je la vois sourire
A l'ombre de gentils berceaux !
Anacréon, reprens ta lyre.
Appelle, reprens tes pinceaux.

Ne mêlez pas la politiqne
Dans vos tableaux, ni dans vos chants ;
Célébrez sous le toit rustique
Les plaisirs purs qu'on goûte aux champs.

Autour de l'arbre de Philyre
Dansent nos joyeux jouvenceaux :
Anacréon, reprens ta lyre.
Appelle, reprens tes pinceaux.

Sur ce qui se passa naguère
Loin de jeter un voile épais,
Peignez les horreurs de la guerre
Pour nous faire chérir la paix.
Puisque des méchans en délire
Pleurent l'objet de tant de maux :
Anacréon, reprens ta lyre.
Appelle, reprens tes pinceaux.

Le sot, l'intrigant, l'hypocrite,
Se parant d'un masque nouveau,
Veulent éclipser le mérite :
Vite un couplet, vite un tableau.
Armés du fouet de la satire,
Dispersez tous ces vermisseaux !
Anacréon, reprens ta lyre.
Appelle, reprens tes pinceaux.

LA CRUCHE.

Air : Un homme , pour faire un tableau

Je cherchais un noble sujet
Pour rimer une chansonnette,
Quand je vis près de mon buffet
Le meuble d'un pauvre poète.
Puisque l'on chante de nos jours
Jusqu'à la moindre fanfreluche,
O Phœbus ! viens à mon secours !
Daigne m'inspirer. . . . . *sur la cruche.* (*bis.*)

De la ridicule Chloris
On vante partout l'innocence :
De telles vertus dans Paris
Se rencontrent en abondance.
Loin de donner dans le panneau,
Moi je dis à cette *guenuche :*
Quand on va si souvent . . . *à l'eau ,*
Comment ne pas casser sa *cruche.*

La nuit le pâle *Maigrinet ,*
Grelottant sous une mansarde,
Le front penché sur *Richelet*
Invoque sa muse bâtarde.

Ce misérable original,
En allongeant son cou d'autruche,
Cherche d'un air sentimental
L'Hippocrène dans une *cruche.*

Qu'un ignare soit opulent,
Chacun le fête, le revère ;
Quand le mérite, le talent
Sont oubliés dans leur chaumière.
La *cruche*, qui gît sous les toits,
Souvent dans un salon se huche :
Que de gens ont ôté de fois
Leur chapeau devant une *cruche.*

Mais qui le croira ? parmi nous
Mainte *cruche* fut révérée,
Et l'on vit des sots à genoux
Autour d'une *cruche dorée ;*
Leurs esprits étaient si troublés
Qu'ils brisaient les *utiles ruches,*
Et les malheureux aveuglés
S'occupaient à remplir des *cruches !*

Ah ! sur la *cruche* c'en est trop,
Car près de moi j'entends redire :
Que je suis bête comme un *pot*
Depuis que la *cruche* m'inspire;

Je ne puis repousser les traits
Du rude censeur qui m'épluche ,
Et n'ose espérer le succès
Qui couronna plus d'unecruche.

LE PAUVRE TROUBADOUR.

Air : Patrie , honneur, pour qui j'arme mon bras.

CONTENT du lot que m'ont donné les dieux ,
Point ne m'échappe une plainte importune.
Le riche pleure et moi je suis joyeux :
Et je ferais des vœux pour la fortune ,
Moi qui reçus de la divinité
Peu de richesse et beaucoup de gaîté ! } *(bis.)*

Que l'opulence, en un brillant wiski,
Fasse traîner son grave personnage ;
Lorsque je tiens le bras d'un bon ami
Puis-je envier son brillant équipage ,
Moi qui reçus de la divinité
Peu de richesse et beaucoup de gaîté ?

N'ai jamais lu le noir fatras des lois ;
De ce dédale avec soin je m'écarte.
Point de chagrin, *aime, ris, chante et bois,*
Sont les seuls mots qui composent ma *charte,*

Moi qui reçus de la divinité
Peu de richesse et beaucoup de gaîté.

Mondor, qui croit inspirer de l'amour,
Doit à ses biens sa vénale maîtresse ;
Qu'un gai tendron vienne à m'aimer un jour,
Je serai seul l'objet de sa tendresse :
Car je reçus de la divinité
Peu de richesse et beaucoup de gaîté.

Lorsque viendra fille au gentil maintien
Sous l'humble toit du pauvre et gai trouvère,
Je lui dirai : Partagez tout mon bien ;
Je n'ai ma foi qu'un cœur, qu'un lit, qu'un verre;
Mais je reçus de la divinité
Peu de richesses et beaucoup de gaîté.

Mon luth se brise et je manque de vin !
Je suis muet ! Adieu, joyeux délire !
Mais *un ami* me verse un gai refrain,
Un autre met une corde à ma lyre;
Car je reçus de la divinité
Peu de richesse et beaucoup de gaîté.

Je dis à Dieu : Mon père pardonnez
Les gais élans de ma philosophie.
Je dis aux rois : Soyez plus fortunés,
Mais plus joyeux ; oh ! je vous en défie,

Moi qui reçus de la divinité
Peu de richesse et beaucoup de gaîté.

Tel d'une table on s'éloigne gaiement,
Tel de la vie un luron se retire :
Oui les témoins de mon dernier moment
Seront témoins de mon dernier sourire,
Car je reçus de la divinité
Peu de richesse et beaucoup de gaité ?

LES SOLDATS FRANÇAIS

AUX LIBELLISTES.

(*Décembre* 1819.)

Air : De Boileau à Auteuil.

CHŒUR.

Détrompez-vous, sujets rebelles,
Vos efforts seront sans succès :
Avant d'écouter vos libelles
Nous cesserons d'être Français. (*ter.*)

Air : Ce magistrat irréprochable.

Quand la douce paix, la concorde
Nous procurent des jours plus beaux,
Quoi ! vous voulez de la discorde
Rallumer les pâles flambeaux ? (*bis.*)

En Louis quand chacun espère,
Vous voulez, indignes sujets,
Armer le fils contre son père ! }
Voilà vos coupables projets.   } (*bis.*)

Détrompez-vous, etc.

Pour tâcher d'émouvoir nos âmes
Vous nous parlez de *liberté ;*
La plus odieuse des trames
Paraît sous ce voile emprunté.
Libres ; soumis à votre rage,
Hommes perfides et pervers,
Si nous écoutions ce langage
Nous serions bientôt dans les fers.

Détrompez-vous, etc.

Le soldat qu'un saint zèle anime
Méprise vos lâches complots ;
Il sait que trahir est un crime,
Qu'un traître n'est point un héros.
Vos principes d'indépendance
Sont bien mal fondés, croyez-moi :
Car celui qui chérit la France,
Sans doute doit chérir le roi.

Détrompez-vous, etc.

Voyez ces éclatans panaches
Que nous sommes fiers de porter !
Voyez ces étendards sans taches,
Gardez-vous de les insulter !
Nous jurâmes de les défendre,
Et de ne les quitter jamais :
Insensés, faut-il vous apprendre
La force d'un serment français ?

Détrompez-vous, etc.

Le corps criblé par la mitraille,
Écoutez nos vieux grenadiers
Nous citer plus d'une bataille
Où leur front fut ceint de lauriers.
Tous rassemblés à la cantine
On les entoure avec émoi !
Et chaque récit se termine
Par les cris de *vive le roi !*

Détrompez-vous, etc.

N'espérez pas qu'un militaire
Se laisse entraîner sur vos pas.
Gardez votre honteux salaire :
L'honneur français ne se vend pas !
Après un repas bien modeste,
Que nous trouvons de bon aloi,

Nous sommes riches, s'il nous reste
Pour boire *à la santé du roi!*

Détrompez-vous, etc.

Que demain l'honneur nous rappelle
Aux lieux de nos premiers exploits,
Chacun de nous, brave et fidèle,
Défendra le meilleur des rois ;
Par de nouveaux traits de vaillance,
S'illustreront tous nos guerriers,
Et l'on verra fleurir en France
Les lis à l'ombre des lauriers.

Détrompez-vous, sujets rebelles,
Vos efforts seront sans succès.
Avant d'écouter vos libelles
Nous cesserons d'être Français.

LA VENGEANCE RÉCIPROQUE.

Plus d'un époux, bon chrétien,
Envoie à Lucifer *le bel ange* qu'il aime :
Mais madame s'en venge bien
En faisant le diable elle-même.

L'ORAGE.

ROMANCE.

Air : Des plaisirs promis à la terre.

Un voile obscurcit la lumière
Les éclairs brillent à nos yeux
Et d'une paisible chaumière
J'entends partir ce chant joyeux : (*bis.*)
  « L'aspect de ce sombre nuage
  » N'altère pas mon front vermeil ;
  » Tranquille, à l'abri de l'orage,
  » J'attends un rayon de soleil ! (*bis.*)

  » Princes, vos âmes tourmentées
  » Éprouvent un mortel effroi ;
  » Et sous vos *flèches aimantées*
  » Vous êtes plus tremblants que moi.

  » L'aspect, etc.

  » Le ruisseau grossit dans la plaine. . . .
  » Loin de vous, esclaves des cours,
  » Du noir torrent qui vous entraîne
  » Je brave le rapide cours.

  » L'aspect, etc.

» Les vents vers ma pauvre chaumière
» Apportent les débris des fleurs :
» Je ne vois que de la poussière
» Dans le tourbillon des grandeurs !

» L'aspect, etc.

» Mon frêle toît qui tient à peine
» Pourra survivre à maint château :
» *L'ouragan qui brise le chène*
» *Ne fait que courber le roseau.*

» L'aspect, etc.

» Quel coup ! le ciel lance la foudre !
» Et pour but prend un sceptre d'or.
» Elle éclate !.... Un trône est en poudre !
» Et mon chaume subsiste encor !

» L'aspect de ce sombre nuage
» N'altère pas mon front vermeil ;
» Tranquille, au plus fort de l'orage,
« J'attends un rayon du soleil. »

PETITE CONSPIRATION

DE LA VOLAILLE

CONTRE LES GOURMANDS, LEURS OPPRESSEURS.

Chanson trouvée dans une basse-cour.

Air : Faut d'la vertu ; pas trop n'en faut.

CHŒUR DE VOLAILLES.

Ah ! grand dieu ! qui nous apprendra
A quelle sauce on nous mettra ?   } (*bis.*)

Un gourmand que rien ne contente,
Pour rendr' nos estomacs plus ronds,
Et notre chair plus succulente,
Va nous fair' bourrer de marrons.

Ah ! grand dieu, etc,

D'l'enfer nous n'craignons pas l'approche,
Plus qu'ici-bas peut-on souffrir ?
On n'parl' que d'nous mettre à la broche,
De nous larder, de nous rôtir.

Ah ! grand dieu ! etc.

Pauvr' coq j'apperçois sur c'te table,
Pour me parer des band's de lard !
Ne suis-j' pas assez misérable
D'êtr' mutilé comme *Abeilard !*

Ah ! grand dieu ! etc.

Dieu ! quelles barbares coutumes !
On nous voit chaqu' jour régaler
D'autres dindons qui, quoiqu' sans plumes,
Bien mieux que nous savent *voler.*

Ah ! grand dieu ! etc

Nous qui végétons sur la paille
Contr' nous qui peut les animer ?
Hélas ! les grands, pauvre volaille,
Ne cess'ront pas de vous *plumer.*

Ah ! grand dieu ! etc.

Il est temps de lever la crête.
Dindons, vite un ordre du jour :
Marchons, que rien ne nous arrête !
Quittons, quittons *la basse-cour.*

Car sans ça qui nous apprendra, etc.

Agissons tous avec adresse,
Promptement aiguisons nos becs :

Puisqu’on en veut à notre *graisse*,
Prouvons-leur que nous sommes *Grecs*.

Car sans ça qui nous apprendra, etc.

Un dindon de la haute volée.

Laissez-moi faire : à la tribune
J’battrai des ail’s, j’frai les cents coups :
Que de gens plaid’nt la caus’ commune
Et ne sont guèr’ plus *dindons* qu’nous.

La petite volaille reprend à voix basse.

Ah ! grand dieu ! etc.

Mais, las ! notre gloire est passée,
On rit de notre vain courroux,
J’entens l’*air de la fricassée !*
C’est le *chant du cygne* pour nous.

Ah ! grand dieu ! etc.

Des fourneaux voyez la fumée,
C’est en vain que nous résistons.
Voilà l’élite d’notre armée :
Entre les mains des marmitons.

Ah ! grand dieu ! etc.

Notre faiblesse les seconde !
Dieu nous fit de bien tristes dons.

Quoi des farces de ce bas monde
Serons-nous toujours les *dindons?*

Ah! grand dieu! qui nous apprendra
A quelle sauce on nous mettra?

LES MÉTAMORPHOSES.

DE la rosè qui vient d'éclore
Cette jeune bergère a la vive couleur:
Ah! me dis-je tout bas, aurais-je le bonheur
    D'approcher de l'aimable *Flore?*
    Alors de deux pommes d'amour,
    Qu'une fine gaze environne,
J'entrevois le double contour:
    Je me suis trompé, c'est *Pomone.*
    Le cœur de plus en plus épris,
Je crois à tant d'attraits reconnaître *Cypris!*
J'ose presser sa main. De mon peu de réserve
Un regard menaçant est le trop digne prix,
    Et je recule tout surpris
Sous les traits de *Vénus* de rencontrer *Minerve.*

LE CLAIR DE LUNE.

ROMANCE.

Je te fuis donc, antique monument ;
Loin de tes murs un sort cruel m'entraîne !
Se balançant sur cette humide plaine,
Mon frêle esquif s'éloigne lentement.
Adieu Clara !... Mais sur cette tourelle,
Je la revois !... est-ce un enchantement ?
Flots argentés, retenez ma nacelle !
Petits zéphirs, soufflez plus doucement ! } (bis.)

Astre des nuits, à ta pâle clarté
Je reconnais les traits de mon amante !
Oui j'aperçois cette taille charmante
Que je pressais sur mon cœur agité.
Un doux rayon tout à coup me décèle
De son beau sein le léger mouvement :
Flots argentés, retenez ma nacelle !
Petits zéphirs, soufflez plus doucement !

Je vois flotter ses jolis cheveux blonds,
Je vois encor son gracieux sourire ;
Je vois ses doigts s'agiter sur sa lyre :
Les flots mouvans m'en apportent les sons.

4

J'entends encor, j'entends la voix de celle
A qui j'ai fait le plus tendre serment.
Flots argentés, retenez ma nacelle !
Petits zéphirs, soufflez plus doucement !

O Dieu ! vers moi ses regards sont fixés !
Sa main se porte à sa bouche jolie :
Les doux baisers que m'envoie une amie,
Heureux zéphirs, vous me les ravissez !!!
Pourtant l'un d'eux s'échappe de votre aile,
Et sur ma bouche expire en ce moment !
Flots argentés, retenez ma nacelle !
Petits zéphirs, soufflez plus doucement !

Mais je la perds, ô funeste destin !
Un dieu jaloux la couvre d'un nuage.
Déjà ma barque est bien loin du rivage ;
Je ne vois plus qu'un sinistre lointain !
Fuyons, fuyons, puisque la nuit cruelle
Rend, pour la voir, mes efforts superflus.
Flots argentés, entraînez ma nacelle !
Soufflez zéphirs, ne me retenez plus !

LE DIABLE.

Air : Avec vous sous le même toit.

Célébrerai-je la beauté ?
Ah ! trop faible est ma pauvre lyre.
Que chanter ?.... la *fidélité ?*
Mais d'une ombre que peut-on dire ?
Sur l'hymen brochons un couplet....
A son nom seul, l'ennui m'accable !
Ne pouvant trouver un sujet,
Mes amis, je me donne au *diable !* } *(bis.)*

Il est des *diables* dangereux,
D'autres sont doux et serviables :
Des lurons francs et généreux
Chacun dit : Voilà de *bons diables.*
Loin de redouter leurs desseins,
On leur tend des mains secourables :
Oui les humains (vraiment *humains*),
Ouvrent leur porte aux *pauvres diables.*

L'Amour est un petit lutin
Que l'on veut en vain mettre en fuite.
Que font contre ce libertin
Les prières et l'eau bénite ?

De ce démon les méchans tours
Devraient nous le rendre haïssable ;
Pourtant nous voyons tous les jours
Nos amans se donner au *diable*.

Firmin n'était pas un poltron
Je le connus dans son jeune âge ;
De prendre femme le luron
Eut même l'étonnant courage !
Maintenant, d'un rien effrayé,
Firmin n'est plus reconnaissable,
Et depuis qu'il est marié
Sa femme lui fait croire au *diable*.

Brisant des nœuds, pourtant bien doux,
Quand vos femmes sont trop sensibles,
Sur vos fronts, langoureux époux,
Naissent des cornes invisibles ;
Jaloux, malgré vos deux grands yeux,
C'est un sort presque inévitable.
Mais quel fut donc l'audacieux
Qui planta des cornes au *diable* ?

Nous craignons le roi des enfers ;
Pour me le rendre favorable,
Pour lui j'ai griffonné ces vers
Et vais les envoyer au *diable*.

Quittons, pour le divin nectar,
Cette complainte pitoyable :
Il est temps de me taire ; car
Ma chanson ne vaut pas le *diable*.

LES JOLIS MEUBLES.

COUPLETS POUR LA FÊTE DE MON AMI J.... S....,

MARCHAND TAPISSIER.

Air : Froides mains, chaudes amours. (*De Romagnesi.*)

La gaîté la plus parfaite
Nous presse en votre logis.
Joyeux luron, votre fête,
Est cell' de tous vos amis.
En ces beaux lieux, tout sait plaire :
Quel aimable rendez-vous !
Morbleu ! vous avez, compère,
De jolis meubles chez vous !

Le grand ton est détestable
Avec tous ses *si*, ses *mais*.
L'ennui d'une grande table
Vient souvent glacer les mets.
Ah ! la vôtre je l'espère,
Saura flatter tous les goûts !

Morbleu ! vous avez , compère ,
De jolis meubles chez vous.

Sous des étoffes légères
Nous dérobant leurs appas ,
Ici de *tendres bergères*
Nous tendent *leurs jolis bras.*
Certes il n'est à Cythère ,
Rien de plus frais, de plus doux !
Morbleu ! vous avez , compère ,
De jolis meubles chez vous.

Les meubles qu'en l'homme on prise
Sont, je crois, la probité ,
Le mérite , la franchise ,
Surtout la douce gaîté ,
Un cœur joyeux et sincère ,
Brûlant d'être utile à tous :
En c' cas vous avez , compère ,
De jolis meubles chez vous.

Sans en concevoir d'alarmes,
Je vois chacun se saisir
De ses *transparentes armes*
Et combattre avec plaisir;
Emu , j'approche mon verre ,
Et chante au bruit des glous-glous :

Morbleu ! vous avez , compére ,
De jolis meubles chez vous.

VERS

FAITS DANS LE JARDIN DE L'ÉLYSÉE BOURBON ,

Le 16 juin 1820.

En m'égarant dans ce sombre bocage,
Mon cœur se livre à des vœux superflus !
Je crois te voir, Berri , sous cet ombrage :
Mais, c'en est fait ! non tu n'y viendras plus !

Tout se ressent du deuil de la patrie ;
Ces bois, ces fleurs ont perdu leur éclat.
Prince adoré , sur cette herbe flétrie,
Vois s'échapper les larmes d'un soldat !

Près de l'objet qui pleure sur sa tombe ,
Arbres touffus , vous vîtes ce guerrier :
Dieu ! fallait-il que la douce colombe
Vît sur son sein égorger le ramier !!

Des arbrisseaux j'entends frémir la tige !
Ciel ! un soupir est venu jusqu'à moi !.....
De *Ferdinand* c'est l'ombre qui voltige :
Je suis ému !.... Mais ce n'est pas d'effroi.

Qui , moi te fuir, ombre que je révère ?
Approche-toi , je ne redoute rien :
Si tu descends quelquefois sur la terre,
C'est dans l'espoir d'y faire encor du bien.

Mais, vers le ciel élevant ma pensée !
Je crois te voir au séjour glorieux !
Tu le connais maintenant *l'Élysée !*
Depuis ta mort il n'est plus en ces lieux.

QUELLE INJUSTICE.

O vous dont l'air est si touchant ,
On vous peint comme des Mégères ,
On blâme en vous le plus tendre penchant.
Vous , inconstantes ? vous légères ?
Ah grand Dieu que l'homme est méchant !
Mesdames, celui qui prétend
Que vous trompez à chaque instant ,
Fait, vous en conviendrez, de bien fausses remarques ;
Car de votre douceur, de votre amour constant
Vos maris *portent tous des marques.*

LES ILLUSTRES NORMANDS.

A MON AMI E.... G....

QUI PARAISSAIT MÉCONTENT DE SON ORIGINE NORMANDE.

Air : Vive la lithographie.

Les amours, les arts, la gloire
Chez vous d'un commun accord
Ont au temple de mémoire
Conduit les enfans du Nord.
Songe à ces vaillans héros
Qui, par leurs nombreux travaux,
Se distinguant tour à tour,
En Neustrie on a vu le jour.
Là quel mortel redoutable
Fait tout plier à ses lois ?
C'est le fier *Robert-le-Diable* ,
Grand et coupable à la fois.
Vois le vainqueur d'Ilion
Dans *Richard-Cœur-de-Lion.*
Vois s'avancer triomphant
Guillaume-le-Conquérant.
Là de la guerre civile
Eteignant l'affreux flambeau,
Vois l'intrépide *Civile*

Sortir vainqueur du tombeau.
Dans ton fertile pays,
A leurs doctes favoris,
Combien de fois les neuf Sœurs
Ont prodigué leurs faveurs.
Là, vers la divine sphère
Qui s'élance radieux ?
C'est *Corneille !* c'est Homère !
Dont l'éclat frappe nos yeux !
Nicomède , Héraclius ,
Le Cid, et *Sertorius ,*
A ce poëte éloquent ,
Méritent le nom de *Grand !*
En souriant *Fontenelle*
Eclaira le genre humain.
Du brillant pinceau d'Apelle
Hérita votre *Poussin.*
Sur ce rivage fleuri
Je vois errer *Scudéri.*
Noble , touchant et sans fard ,
Près d'elle paraît *Bernard.*
Duboccage sur leurs traces
Pénètre au sacré vallon ;
Et je vois le front des Grâces
Ceint du laurier d'Apollon.
Mais , non loin de ces beaux lieux ,

Vois de tes savants aïeux
Les vieilles palmes s'unir
A celles de *Casimir* (1).
Bref, de l'antique Neustrie,
Tu vois que plus d'un enfant
Fut l'honneur de sa patrie :
Sois donc fier d'être Normand.

L'INVALIDE ET LA VIVANDIÈRE.

CHANSON DIALOGUÉE.

Air : Le choix que fait tout le village.

FRANCŒUR.

Tu me parais encor fraîche et lutine ,
Chère Catin, comme aux jours glorieux
Où, m'éloignant du feu de ta cantine ,
Je rejoignais nos rangs victorieux.
Me suivant même aux champs de la victoire ,
En me lançant maint sourire ingénu ,
Pour m'animer tu me versais à boire : ⎫
Dis-moi, Catin, dis-moi, t'en souviens-tu ? ⎬ *(bis.)*

CATIN.

Je crois te voir après cette bataille
Où tu reçus la noble croix d'honneur !

(1) Casimir Delavigne.

Tu me souris en me serrant la taille :
Dieu ! que la gloire embellit un vainqueur !
Nous nous trouvions dans un lieu solitaire,
Assis tous deux sur un chêne abattu ;
Il fallut bien se passer de notaire :
Dis-moi, Francœur, dis-moi, t'en souviens-tu ?

FRANCŒUR.

T'en souvient-il, au milieu d'un pillage
Un jeune enfant étend vers moi ses bras ?
Je le saisis, le sauve du carnage
En lui disant : « *Petit, ne pleure pas.* »
Mon havre-sac en fut dépositaire.
Mais quel plaisir, il nous était bien dû,
Quand l'innocent revit sa tendre mère !
Dis-moi, Catin, dis-moi, t'en souviens-tu ?

CATIN.

Parmi des morts, étendu près d'un orme,
Un ennemi nous appelle, et soudain,
Sans regarder quel est son uniforme,
Au malheureux tu cours tendre la main.
Tu le soutiens tandis que je le panse,
Il nous regarde avec le cœur ému !
Et ce regard est notre récompense !
Dis-moi, Francœur, dis-moi, t'en souviens-tu ?

FRANCŒUR.

T'en souvient-il de ce boulet funeste
Qui tout à coup vint m'enlever un bras ?
Mon seul regret fut alors, je l'atteste ,
De ne pouvoir retourner aux combats.
Même au milieu de l'horrible souffrance ,
Pour mon pays fier d'avoir combattu ,
Tu m'entendis crier : *Vive la France !*
Dis-moi, Catin, dis-moi, t'en souviens-tu ?

Je n'ai qu'un bras , eh bien ! ma pauvre amie,
Je puis encor te presser sur mon cœur.
Je n'ai qu'un bras , pour ma chère patrie
S'il le fallait ce bras serait vainqueur.
Je n'ai qu'un bras , aux rives du Bosphore
Son *camarade*, hélas ! fut abattu.
Je n'ai qu'un bras , pourtant hier encore.....
Dis-moi, Catin, dis-moi , t'en souviens-tu ?

LES YEUX.

Lorsque deux jolis yeux, brillans des feux d'amour,
Soulèvent leur douce paupière,
L'amant charmé de leur vive lumière
Par la crainte et l'espoir est guidé tour à tour.

Lorsque, suivi d'un aimable sourire,
Un bien tendre regard encourage ses feux,
Il ose déceler ses secrets amoureux :
Ses yeux plus que sa bouche expriment son délire.
   Il croit toucher à l'instant du bonheur :
      Déjà d'avance il le savoure ;
Quand un œil noir roulant dans l'émail qui l'entoure
      Paraît enflammé de fureur !
Il recule, et soudain une paupière humide
      Couvre ces redoutables feux.
Il revient. On l'appelle *audacieux*, *perfide !*
Lorsque des yeux mourants lui disent : *Sois heureux*.
    Les yeux sont le miroir de l'ame,
    Le trône de la volupté.
   Sans leur pouvoir une jeune beauté
Ne saurait faire naître une aussi vive flamme.
      Par des gestes ingénieux
      Les muets savent se comprendre ;
Mais si les mains leur manquaient pour s'entendre,
      Ils s'exprimeraient par les yeux.

C'EST DOMMAGE !

(MOT DONNÉ.)

(Mars 1821.)

Air : Turlurette.

QUE je trouve en un flacon,
Que je crois plein de Mâcon,
Un insipide breuvage,
    C'est dommage !   (*bis.*)
  C'est vraiment dommage !

Que *Flairac*, perdant ses pas,
Pensant faire un bon repas,
Ne mange... que du fromage,
    C'est dommage !
  C'est vraiment dommage !

Se riant de ses verroux,
Qu'Adèle trompe un jaloux
Qui croit l'avoir mise en cage,
    C'est dommage !
  C'est vraiment dommage !

Que de pétulants acteurs,
Pour toucher les spectateurs,

Ne fassent que... du tapage,
C'est dommage !
C'est vraiment dommage !

Qu'un journal partout vanté
Pour dire la vérité,
Se démente à chaque page,
C'est dommage !
C'est vraiment dommage !

Que d'un sublime *roman*,
Dicté par le *sentiment*,
On fasse un indigne usage,
C'est dommage !
C'est vraiment dommage !

Quand le ciel nous a donné
Notre petit *Dieudonné*,
Que maint factieux enrage,
C'est dommage !
C'est vraiment dommage !

Que des *oiseaux de Junon*,
Pour leurs plumes en renom,
On siffle le froid ramage,
C'est dommage !
C'est vraiment dommage !

Que l'homme dans son erreur
Tourne le dos au bonheur
Pour en embrasser l'image,
   C'est dommage !
   C'est vraiment dommage !

LA ROSÉE.

Air : Au sein d'une fleur tour a tour.

Sous des flots d'or et de satin,
Vous qui ne rêvez que parure,
Venez jouir un beau matin
Du spectacle de la nature.
Renoncez à ces ornements ,
A cette toilette empesée :
Brillent-ils plus vos diamans
Que les perles de la rosée ?   (*bis.*)

Que j'aime un riche généreux ,
Prompt à secourir la misère !
Pour son bonheur on fait des vœux
Dans la plus petite chaumière.
Heureux ce mortel obligeant !
Pour lui la terre est l'Elisée ;
Et ses bienfaits pour l'indigent
Sont une céleste rosée !

Divin *Molière*, auteur brillant,
Parfait modèle de la scène,
Tu sus corriger en riant
Par ta morale pure et saine.
Joyeux, fécond, dans chaque écrit,
D'une manière-douce, aisée,
Tu savais répandre l'esprit
Comme l'Aurore sa rosée.

Annette cultive un rosier
Au milieu d'un joli parterre ;
Cupidon s'est fait jardinier
Pour aider la jeune bergère.
Le bouton s'enfle chaque jour ;
Et, par le plaisir arrosée,
Pour fleurir sa rose d'amour
N'attend qu'une douce rosée.

J'aimais une jeune beauté,
Qui me jurait ardeur fidelle :
Mais l'amour de la nouveauté
Eloigna de moi cette belle.
Pourquoi pleurer ce tendre objet ?...
Comme à l'amante de Thésée,
Viens, Bacchus, chassant tout regret,
Verse-moi ta douce rosée.

L'ESPOIR.

ROMANCE.

Air : Chante, chante, troubadour chante. (*De Romagnesi.*)

Toi qui, sous les traits d'une mère,
Viens agiter notre berceau,
Qui, par une douce chimère,
Berces l'homme jusqu'au tombeau,
Même à notre dernière aurore,
Toi qui nous promets de beaux jours,
Doux espoir, berce-nous encore.
Doux espoir, berce-nous toujours. } (*bis.*)

L'hiver tu nous dis : « Cette neige
Vous cache de naissans gazons.
Par toi des fers le poids s'allège,
Tu nous suis au fond des prisons.
L'amant, loin de ce qu'il adore,
Est rassuré par tes discours.
Doux espoir, berce-nous encore.
Doux espoir, berce-nous toujours.

La nuit, dissipant nos allarmes,
Sur l'aile d'un songe trompeur,

A nos yeux humides de larmes
Tu fais paraître le bonheur.
Mais déjà le ciel se colore.....
Hélas ! que nos rêves sont courts !
Doux espoir, berce-nous encore.
Doux espoir, berce-nous toujours.

Au jeune âge le dieu de Gnide
Sème de fleurs notre chemin.
Mais son vol est aussi rapide
Que le trait qui part de sa main.
Comme une ombre qui s'évapore,
On voit s'éloigner les amours !
Doux espoir, berce-nous encore.
Doux espoir, berce-nous toujours.

Sous l'humble toit d'une chaumière
Tu nous vaux de futiles biens,
Et dans la saison printanière
De fleurs tu couvres nos liens :
Les fers que la fortune dore
Sont plus brillans, mais sont plus lourds.
Doux espoir, berce-nous encore.
Doux espoir, berce-nous toujours.

COULEUR DE ROSE (1).

Air : Du vaudeville de la Belle au bois dormant.

CHŒUR.

Du censeur morose
Fuyons, et pour cause,
Les tristes avis.
Jusqu'aux revers de nos habits,
Tous est chez nous, mes bons amis,
Couleur de rose !   (*bis.*)

Tous ces ennuyeux orateurs,
Ces doctrinaires, vains frondeurs,
Dont l'aspect seul nous indispose,
Sont affublés d'un habit noir :
Mais, ouvrant nos cœurs à l'espoir,
Le nôtre est couleur de rose.   (*bis.*)

Du censeur, etc.

Des songes effrayants la nuit
Viennent troubler dans son réduit
Le pauvre diable qui repose ;
Mais le tableau va s'égayer :
L'aurore vient de déployer
Ses voiles couleur de rose.

Du censeur, etc.

(1) Couleur qui distingue la deuxième brigade de la Garde royale.

Une couronne de lauriers
Décore le front des guerriers;
Mais, hélas ! trop de sang l'arrose !
L'olivier croît sur nos remparts !
Mèlons à nos cheveux épars
  Le myrthe frais et la rose.

    Du censeur, etc.

La négresse ne me plaît pas :
Mon cœur, pour ses sombres appas ,
N'éprouve rien, ou peu de chose.
Je la crois en deuil des amours ;
Mais j'idolâtrerai toujours
  Minois frais comme une rose.

    Du censeur, etc.

Ils sont roses ces doux attraits
Que cachent des voiles discrets,
Et qu'on célèbre en vers , en prose.
Et cette divine liqueur
Qui chasse les chagrins du cœur
  Semble jaillir d'une rose !

    Du censeur, etc.

Au fond de son brûlant manoir
On nous peint le diable bien noir :
Le lutin se métamorphose.
Un jour s'il m'y faut pénétrer,

Amis , j'espère rencontrer
Le Diable couleur de rose.

Du censeur morose
Fuyons , et pour cause ,
Les tristes avis.
Jusqu'aux revers de nos habits ,
Tout est chez nous , mes bons amis ,
Couleur de rose.   (*bis.*)

A MON AMI, M. A.....

QUI M'AVAIT ADRESSÉ DES VERS AU SUJET DE MON AVÉNE-
MENT.... AU GRADE DE SERGENT.

Air : Du vaudeville du Piége.

QUE Pindare au sacré vallon
Entonne ses odes sublimes ,
Et que l'immortel Apollon
Ajuste ses brillantes rimes ;
Je veux l'imiter vainement ,
Une autre déité m'inspire ,
Et l'amitié complaisamment
Monte les cordes de ma lyre. (*bis.*)

De vos vers l'hommage enchanteur
Touche mon cœur et le pénètre ;

Mais dans ce portrait si flatteur
Je ne saurais me reconnaître.
Vous avez tracé ces couplets
Devant une glace fidèle ;
Et voulant crayonner mes traits,
C'est vous qui serviez de modèle.

Pour être juste et valeureux,
Aimer et servir sa patrie,
Nous songeons à vous, nobles preux,
Vous à qui nous devons la vie :
S'il faut défendre nos foyers,
Opérant de nouveaux prodiges,
Nous irons cueillir les lauriers
Dont vous avez laissé les tiges.

Plus heureux qu'un triste régent
Que l'on flagorne, qu'on encense,
En ce jour le pauvre *sergent*
Se rit de sa toute-puissance.
Mes amis me tendent leurs bras,
Leur cercle aimable m'environne :
Non, non, je ne changerais pas
Mes *galons* pour une couronne !

LA CUISINE.

CHANSON GOURMANDE.

Air : Du Verre.

Père nourricier des mortels,
Comus, dans un joyeux délire,
Souffre qu'aux pieds de tes autels
Je fasse résonner ma lyre.
C'est à ta gloire que j'écris,
Inspire ma muse badine :
Il me faut des vers bien nourris,
Car je vais chanter la *cuisine.* } (*bis.*)

Je dors dans un salon brillant
Où toujours l'ennui m'assassine ;
Je m'éveille au feu pétillant
Qui brille dans une cuisine.
Sans cuisine un riche logis
N'est qu'une bien triste *cassine.*
Eh ! pour avoir de bons amis
Ayez une bonne *cuisine.*

Flanard, ce malin aspirant,
Ne vous dit jamais ce qu'il pense ;

6

Son faux babil auprès d'un grand
Est le fournisseur de sa panse.
Il a l'air si doux, si flatteur,
Que chacun juge, sur sa mine,
Que *Flanard* aime *monseigneur*,
Quand il n'aime que sa *cuisine.*

Las à la fin d'être garçon,
Je veux tâter du mariage ;
Je vais vous dire sans façon
Mes vœux pour mon petit ménage :
Sans chercher, en frivole amant,
Femme de brillante origine,
Moi je demande seulement
Qu'elle fasse bien.... la *cuisine.*

Je vois chez nos restaurateurs
Mainte large et vermeille face,
Et je vois nos maigres auteurs
A jeun se traîner au Parnasse.
J'estime beaucoup Apollon
Et les filles de Mnémosyne ;
Mais je crois qu'au sacré vallon
On fait une triste *cuisine.*

Sans me fatiguer à courir
Après ces fous qu'on ne peut suivre,

Tranquillement je veux mourir
Au lieu qui nous fait si bien vivre.
Il me semble entendre Caron ,
S'écrier en voyant ma mine :
« Je gagerais que ce luron
» Sort maintenant d'une *cuisine* ».

OVIDE DANS L'ILE DE THALASSIE.

STANCES.

Air : Du vaudeville de Turenne.

J'AI donc subi l'arrêt injuste
Qui m'exile aux bords étrangers !
Je frémis ! .... à la cour d'Auguste
Je courais bien plus de dangers.   (*bis.*)
Séparé de ma noble amie ,
En proie à la haine, à l'amour,
Je respire loin de la cour !
Je soupire loin de *Julie* !   (*ter.*)

Dans cette paisible retraite
Je n'entends plus le bruit des chars ;
Je vis en paix, et je regrette
Le bruyant palais des Césars.

Les yeux tournés vers ma patrie,
Je désire et crains le retour :
Je sens que j'abhorre la cour,
Autant que j'adore *Julie!*

Lorsque je contemple en silence
Ce clair ruisseau, ce ciel d'azur,
Ces fleurs que le zéphir balance,
Ah ! que je goûte un plaisir pur !
En ces lieux mon ame attendrie
Se nourrit d'espoir et d'amour :
Rien ne m'y rappelle la cour,
Et tout m'y rappelle *Julie.*

Crois-moi, renonce au rang suprême,
Objet qui fais couler mes pleurs :
Quitte l'éclatant diadème,
Je te couronnerai de fleurs.
C'est un amant qui t'en supplie,
Fuis de ce dangereux séjour !
La vertu s'égare à la cour ;
Crains d'y rester, ô ma *Julie!*

Mes mains sur les autels d'un homme
Ne brûlaient point un fade encens,
Mais arrachaient aux yeux de Rome
Les masques des vils courtisans :

Donnant l'essor à mon génie,
Pour mon malheur je mis au jour
Les traits odieux de la cour,
Les traits grâcieux de *Julie*.

Auguste, le bras qui t'encense
Contre toi peut-être est armé !
Pourrais-je envier ta puissance ?
On te maudit, je suis aimé.
A mon sort ta fille est unie ;
L'absence augmente notre amour :
Va tu règnes moins sur la cour,
Que moi sur le cœur de *Julie*.

O vous que sa faveur décore,
De *César* craignez le courroux !
Proscrit, loin de ce que j'adore,
Je suis moins esclave que vous.
Flatteurs, dont l'ame est avilie,
Me vîtes-vous ramper un jour ?
Si je m'inclinais à la cour,
C'était aux genoux de *Julie*.

Fier *César*, orgueilleuse idole,
Qui fais tout plier sous ta loi,
Tremble ! les murs du Capitole
Un jour s'écrouleront sur toi !

Et dévoilant ta tyrannie,
Mes vers, vengeurs de mon amour,
Flétriront ton indigne cœur !
Immortaliseront *Julie !*

VIVE LE VIN.

CHANSON BACHIQUE.

Air : De la première ronde du départ pour Saint-Malo.

Le vin, le vin,
Que l'on méprise en vain,
Est un jus divin :
Vive le vin !

C'est au fond d'une bouteille
Qu'on peut noyer les soucis.
C'est à l'ombre d'une treille
Qu'on connaît les vrais amis.

Le vin, etc.

Si *Brennus* fut jugé digne
De donner de sages lois,
C'est qu'en transplantant la vigne
Il disait aux bons Gaulois :

Le vin, etc.

On vit rouler sous la table
Plus d'un ancien chevalier ;
De là ce dicton aimable :
« *Boire comme un templier* » .

    Le vin , etc.

Henri, que chacun révère ,
Buvait frais et mangeait chaud ;
Ce bon prince, armé d'un verre ,
Répétait , près de *Michaud :*

    Le vin , etc.

Dieu , fais dans chaque rivière
Couler *Beaune* et *Chambertin*. . .
Mais repousse ma prière ;
Mon trépas serait certain !

    Le vin , etc.

J'aime à voir trinquer ensemble
Nos politiques aigris :
La même *couleur* rassemble
Tous ces fous quand ils sont *gris.*

    Le vin , etc.

Qu'un savant d'une planète
Examine la grandeur ;

Ma bouteille est la lunette
Par où je vois le bonheur.

Le vin, le vin,
Que l'on méprise en vain,
Est un jus divin :
Vive le vin !

LE BOUDOIR D'UNE COQUETTE

COMPARÉ

A UNE CHAMBRE DE SOLDAT.

Air : J'aime ce mot de gentillesse.

Ah ! grand Dieu ! quelle différence,
Me disait certain *Adonis*,
Entre le boudoir de Laurence
Et votre rustique logis !
Ah ! s'il connaissait l'imposture
De ce séjour de la beauté,
Il préférerait, je l'assure,
Notre heureuse simplicité.   (*bis.*)

Dans les glaces de la coquette
Du haut en bas on peut se voir ;

Nous auprés de notre couchette
Nous n'avons qu'un petit miroir.
Un faux sourire, une grimace
Ne s'y viennent pas réfléchir :
Du moins cette petite glace
Ne nous a jamais vu rougir.

La coquette au sein des orgies
Sait éteindre, en toute saison,
A la lueur de vingt bougies
Les lumières de la raison.
Chez nous une mince chandelle
Ne nous éclaire qu'à moitié ;
Mais on voit brûler auprès d'elle
Le pur flambeau de l'amitié !

Pour cacher une tête chauve,
Teint fardé, postiche contour,
D'épais rideaux de son alcôve
Eclipsent l'éclat du grand jour.
A nous jamais il ne peut nuire ;
Et sortant d'un heureux sommeil,
Chaque matin nous voit sourire
Aux premiers rayons du soleil.

Sur l'édredon et sur la plume
S'étend l'indolente beauté,

Et c'est sur cette molle enclume
Que vient forger la volupté :
Mais, pleurant sur son inconstance,
La belle n'y peut sommeiller :
Nous une bonne conscience
En tout temps est notre oreiller.

Bref, à ce faubourg de Cythère,
Où règne le triste Plutus,
L'amant ne parvient sans mystère
Qu'à la faveur de ses écus.
Dans notre modeste retraite,
Que Laïs voit avec mépris,
L'amitié jamais ne s'achète,
Quoiqu'elle soit d'un bien grand prix.

L'HONNEUR.

L'homme probe et le guerrier
Me chérissent plus que la vie,
De ses tristes revers sous les murs de *Pavie*
Je consolais *François Premier*.
Noble attribut d'une belle ame,
Par des sentiments généreux
Je l'électrise, je l'enflamme.
Mon asile est le cœur de l'homme vertueux.

LA VEILLE ET LE LENDEMAIN.

COUPLETS PHILOSOPHIQUES.

Air : Du vaudeville du Code et l'Amour.

Le souvenir et l'espérance,
Ces consolateurs des humains,
De mon cœur calmant la souffrance,
Viennent m'inspirer deux refrains.
Sur mon luth, hélas ! qui sommeille,
Chacun d'eux dirige ma main.
Souvenir dit : Chante *la veille.*
Espérance : *Le lendemain.*   (*bis.*)

Jeunes beautés, pourquoi remettre
L'instant d'accorder vos faveurs ?
Craignez que le temps, ce grand maître,
Ne nous venge de vos rigueurs.
Songez que la rose vermeille
Se flétrit du soir au matin !
L'amour que vous fixez la veille,
Peut s'envoler le lendemain.

Jean, la veille du mariage,
Surprend sa future en délit !

Jean, bien loin de faire tapage,
A tous ses confrères redit :
» Notre destinée est pareille,
» Nous pouvons nous donner la main :
» Il vaut autant l'être la veille
» Que de l'être le lendemain ».

S'il faut qu'un jour on me décore
De la conjugale couleur,
Ce n'est qu'au retour de l'aurore
Que je veux chanter mon bonheur.
Le cœur parle quand on s'éveille ;
D'ailleurs, amis, en fait d'hymen,
Un mari ne sait pas la veille
Tout ce qu'il sait le lendemain.

« C'est demain un jour de bataille
» Dit Frémicourt. Ah ! cette fois
« Je veux, quoique chacun me raille,
» Faire parler de mes exploits !! »
Le canon gronde à son oreille.
Il chancelle, il reste en chemin :
Tel qui fait le brave la veille
N'est qu'un poltron le lendemain.

A la fortune aventurière
Peut-on se confier jamais ?

(73)

Tel s'endort dans une chaumière
Qui s'éveille dans un palais.
L'homme, qu'ambition conseille ,
S'agite à tort, pauvre pantin !
Il est sur un trône la veille ,
Dans un cercueil le lendemain.

A l'avenir toujours on songe :
Ah ! le présent est bien plus doux !
Le temps passé n'est qu'un vain songe ;
Celui qui vient n'est pas à nous.
Entre sa belle et sa bouteille,
Soumis aux arrêts du destin ,
Le vrai sage jouit la veille,
Sans rien remettre au lendemain.

L'HIVER.

RONDE A DANSER.... AU COIN DU FEU.

Air : Je regardais Madelinette.

CHŒUR.

QUAND les froids dépouillent la terre
Quoi ! nous faut-il verser des pleurs ?
Courons aux bosquets de Cythère
On y trouve toujours des fleurs.   (bis.)

7

Dans nos champs tout se décolore !
Le sombre hiver est de retour :
Laissons la corbeille de Flore ,
Butinons celle de l'amour.

    Quand les froids , etc.

Cueillons ces roses purpurines ,
Asiles charmans des amours :
Le sage qui craint les épines
Amis , les rencontre toujours.

    Quand les froids , etc.

A nos désirs si l'on s'oppose ,
Pauvres sots , nous nous rebutons :
Ah ! peut-on épargner la rose
Dont on entrevoit les boutons ?

    Quand les froids , etc.

Ah ! chez le dieu par qui tout aime
Rions du temps , et sans effroi ,
Que chacun de nous sème , sème :
Ses biens sont à l'abri du froid.

    Quand les froids , etc.

Un vieil époux que l'âge atterre
Dans ce bocage tremblera :

Mais s'il néglige son parterre,
Quelque voisin l'arrosera.

    Quand les froids, etc.

Les échos des vertes retraites
Trahissent souvent nos plaisirs :
Du moins nos alcôves discrètes
Ne prolongent pas nos soupirs.

    Quand les froids, etc.

Des pommes que ce lieu recèle
Admirons le double contour !
Le désir a planté l'échelle
Montons sur l'arbre de l'amour.

    Quand les froids, etc.

Un teint de rose, un sein d'ivoire
Valent bien les fleurs de nos champs :
Amis, les femmes nous font croire
A l'éternité du printemps !

Quand les froids dépouillent la terre
Quoi ! nous faut-il verser des pleurs ?
Courons aux bosquets de Cythère
On y trouve toujours des fleurs.

COUPLETS

CHANTÉS A LA SUITE D'UN ASSAUT D'ARMES DONNÉ PAR
LA GARDE ROYALE, AU MOIS DE MARS 1821.

Air : Du vaudeville de Caroline.

CHŒUR.

Dans ces momens remplis de charmes,
Puisque nous voilà réunis,
Buvons à la gloire des armes,
A la santé du bon Louis.   (*bis.*)

Air : Du vaudeville du Petit Courrier.

Quel plaisir pour de vrais Français
Que de voir à la même table
Amis, dont le cœur véritable
Ne se démentira jamais !
Heureux comme un jour de victoire
Chacun redit : Voilà celui
Qui doit être aux champs de la gloire
A mes côtés comme aujourd'hui.   (*ter.*)

          Dans ces momens, etc.

En chantant marcher aux combats,
Du malheur prendre la défense,

Et s'il faut venger une offense
Ne jamais reculer d'un pas !
Posséder une ame loyale ,
Que jamais rien n'ébranlera :
C'est à ces traits , *garde royale* ,
Que partout on te connaîtra.

    Dans ces momens , etc.

Chers amis , quel est parmi nous
Le plus généreux , le plus brave ,
Celui , qui , de l'honneur esclave ,
Se rit des plus terribles coups;
Celui qui, sans peur, sans bravade,
Dans le péril est toujours là ?
Chacun montrant son camarade
S'écrie à la fois : *le voilà !*

    Dans ces momens , etc.

Jurons, amis , jurons en chœur
Qu'*Amour, honneur, gaité , franchise ,*
Sera toujours notre devise :
Jurons-le la main sur le cœur !
Et pour éterniser, mes frères ,
Cet auguste et noble serment ,
Que nos mains , nos cœurs et nos verres
Se rapprochent en ce moment ! !

CHŒUR.

Dans ces momens remplis de charmes,
Puisque nous voilà réunis,
Buvons à la gloire des armes,
A la santé du bon Louis !

L'AMOUR GOUVERNEUR.

Air : Sans mentir. *(Des Habitans des Landes.)*

Sur cette machine ronde
Tout est soumis à mes lois ;
Les rois gouvernent le monde ,
Moi je gouverne les rois.   (*bis.*)
Toi , qu'un palais a vu naître ,
Prince en tous lieux triomphant ,
Fléchis ! car je suis ton maître ;
Et ton maître est un *enfant :*
    C'est charmant   (*bis.*)
    Mon petit gouvernement !   (*bis.*)

Je suis un roi très commode :
J'ordonne en termes si doux !
On ne trouve dans mon *code*
Que ces deux mots : *Aimez-vous.*

Chacun accourt à mon aide
Pour seconder mes projets ;
Assurément je possède
Les cœurs de tous mes sujets :
    C'est charmant
  Mon petit gouvernement !

L'hymen souvent de ma chaîne ·
Veut soustraire un jeune cœur ;
Moi , me riant de sa peine ,
Je règne en usurpateur :
Sur son pauvre territoire
Je combats en *tirailleur ;*
Mais le *fruit* de ma victoire
Lui reste : il se croit vainqueur.
    C'est charmant
  Mon petit gouvernement !

J'unis les *partis contraires* ,
Et diplomate profond ,
A la tête des *affaires*
Toujours je les traite à fond.
Habitans de cette sphère ,
Osez me citer un roi
Qui dans son règne ait su faire
Autant de *choses* que moi !

C'est charmant
Mon petit gouvernement !

Quelquefois je fais la guerre ;
Mais Dieu ! quels combats charmans,
Lorsque l'on force à Cythère,
Mes petits *retranchements !*
Quand ma troupe est animée
Aux doux accens de ma voix,
Pour augmenter mon armée,
De deux corps j'en forme trois.
    C'est charmant
    Mon petit gouvernement !

Les guerriers que je rallie
Par l'âge sont-ils vaincus,
Les garder serait folie,
Je les renvoie à Bacchus.
Des soldats couverts de rides
Ne sauraient *servir* l'Amour :
Mars chérit *les invalides*,
On les réforme à ma cour :
    C'est charmant
    Mon petit gouvernement !

Lorsque chez vous je voyage,
Précédé par le désir,

C'est sur un léger nuage
Que colore le plaisir.
Savez-vous où se repose
Ma riante majesté ?
Sur un frais bouton de rose,
Dans les yeux de la beauté.
    C'est charmant
  Mon petit gouvernement !

Que l'univers sacrifie
A son petit gouverneur ;
Des vastes champs de la vie,
Il est le cultivateur.
Le temps passe... tout frissonne !
Souriez ! voilà *l'Amour !*
Si l'un jour et nuit *moissonne*
L'autre *sème* nuit et jour :
    C'est charmant
  Son petit gouvernement !

TÉLÉMAQUE A MENTOR.

ROMANCE ADRESSÉE A MON PÈRE, LE JOUR DE SA FÊTE.

Air : Depuis long-temps j'aimais Adèle.

TELLE de Phœbus une plante
Réclame les rayons vermeils,
Telle ici mon ame tremblante
Réclame tes sages conseils.
Je n'éprouvais aucune crainte
Quand tu guidais mes premiers pas :
J'avance dans le labyrinthe !
Mentor ne m'abandonne pas !   (*ter.*)

Quand je luttais contre Neptune
Toi qui daignais me rassurer,
D'un sourire de la fortune
Ne me laisse pas enivrer ;
Car cette inconstante déesse
Un jour voltige sur nos pas,
Et le lendemain nous délaisse :
Mentor ne m'abandonne pas !

Je vois un ciel exempt d'orages !
Et ris de tes précautions.

Je n'aperçois pas les nuages
Qu'amoncèlent les passions.
Du char j'ose saisir les rènes !
J'ose m'éloigner de tes bras !
Mais j'entends la voix des Sirènes...
Mentor ne m'abandonne pas !

Toi, qui, par un effort sublime,
M'arrachas des fers d'*Eucharis*,
Montre-moi le nouvel abîme
Que sous mes pieds creuse Cypris.
De trompeuses métamorphoses
Fascinent nos yeux ici-bas :
Le vice est couronné de roses :
Mentor ne m'abandonne pas !

Je viens des richesses de Flore
Couvrir ton vénérable front :
Oh ! dis-moi que long-temps encore
Mes faibles mains l'en pareront.
Ces fleurs qu'un instant va détruire
Se multiplieront sous mes pas
Tant que tu pourras me conduire....
Mentor ne m'abandonne pas ! !

PYGMALION.

(POT-POURRI.)

IMITATION BURLESQUE D'UNE MÉTAMORPHOSE D'OVIDE.

Air : Il faut que l'on file , file.

D' L'AIMABLE amant de Julie
On admire chaque écrit.
Eh bien ! sur c' fameux génie
J' vois s'égayer maint conscrit.
Mais lorsqu'un critique avide ,
Avec sa mine livide ,
Trouve, triste logicien ,
Le cerveau d'*Ovide*
Vide , vide ,
C'est qu'il le compare au sien.

Air : Du Renégat.

Qu'es-tu devenu , bon vieux tems ,
Et vous surtout heureux rivages ,
Ou sur trois millions d'habitans
On parvint à trouver sept sages ?
Ovid' pourtant raconte que dans *Tyr*
Les paroissiens aimaient à s' divertir.
On y buvait ,
On y chantait ,

On y plaidait ,
On y volait :
Le tableau vraiment est plaisant
C'était déjà comme à présent !   (*bis.*)

Air : Turlurette.

Les femmes de ce pays,
En dépit de leurs maris ,
Faisaient toutes en cachette....
        Turlurette,   (*bis.*)
Ma tante urlurette.

Air : Vive le vin de Ramponeau.

Mais Vénus bientôt sut punir
    Tout's ces infâmes
    Femmes !
On vit la déesse en rougir :
Aussi n' pouvait-ell' pas sentir
        Tyr.

  Un matin dans son courroux
    Ell' vous change en cailloux
    Ces femelles altières :
  Si c' miracle dans Paris
    Se r'nouv'llait , m'est avis
    Qu'on n' manqu'rait pas de pierres.

C'est ainsi qu' Vénus sut punir , etc.

Air : Allez-vous-en, gens de la noce.

Outré d' leurs trames infidelles
Un artiste, dans sa fureur,
Jure haine à toutes les belles :
Ah ! c'est jurer haine au bonheur !
Et voulant bannir de son ame
    Ce polisson
    De Cupidon ,
    Pygmalion
    Comme un lion
Dit : « Pour avoir une bonn' femme
« Faut qu' j'en bacle un' de ma façon. »

Air : Quand les bœufs vont deux à deux.

Et tic et tic et tic et toc ,
  De marbre il vous taille un bloc :
  J' dout' qu'il vienne à bout d' ses vœux ;
  Pour fair' ça faut être deux.

  Il lui fait un doux visage,
  Un *ferme* et gentil corsage,
  Perfectionn' chaque endroit.
Je conviens qu' c'est pus blanc qu' cire ;
  Mais c'te bouch' là n' peut rien dire :
  C'est bien beau ! mais c'est bien froid !

Et tic et tic et tic et toc , etc.

« Ah ! qui dit, l' beau brin d' femm' que vlà ! } (bis.)
» Quoi c'est y ben moi qu'a fait ça ?

» Peut-on voir des jambes plus fines,
» Un bras mieux fait ? Ah ! non c'est sûr !
» Ces formes sont vraiment divines :
» Pourquoi faut-il qu' ça soit si dur !

» Morbleu ! le beau brin d' femm' que v'là !
» Quoi c'est y ben moi qu'a fait ça !

» Mon trognon, mon bijou, ma poule,
» D'un seul mot daign' me consoler ;
» Je suis dans l'cas d'perdre la boule
» Si tant d'amour n'peut t'ébranler.   (bis.)
» Hélas ! ell' s'obstine à se taire !
» Il faut en conv'nir en tout cas :
» V'là z'un' femm' comme on n'en voit guère, } (bis.)
» V'la z'un' femm' comme on n'eu voit pas.

» Que n'ai-je, hélas ! ton cœur de glace !
» Mais j'brûle quand brille Phœbé,
» J'brûl' quand Apollon la remplace :
» J'vois ben qu' je suis un homm' flambé ! (bis.)
» O la plus froide des maîtresses,
» D'mon amour pourquoi t'faire un jeu ?

» Lâche pour apaiser mon feu
» Le réservoir de tes caresses. » } *(bis.)*

Air : Les Auvergnats au fond d'un bois.

La bell' par lui soir et matin
    Est d'ambre parfumée.
Il couvre d'or et de satin
    C'te femme inanimée.
    S'il continu' sur ce ton
Gar' *Bedlam* ou *Charenton !*
    Les myrtes d'Idalie
Ont pour nous d'perfides attraits :
    L'amour et la folie
    Se suivent de bien près.

Air : De la cataqoua.

N'y a pus moyen de se r'connaître
Dans la boutiqu' du pauvr' garçon.
On voit le buste d'un grand-prêtre
Sur les jambes d'un Apollon.
Un peu grise la mèr' Pomène
Se soutient sur un vieux Bacchus.
    Tableau confus !
    Plus loin Momus,
    Les membres nus,
  Gît sous un lourd Plutus ;
Et le cynique Diogène
Foule les appas de Vénus.

Même air.

Thalie est chaussé' d'un cothurne,
A Terpsichore il manque un pied,
Et près d'elle le vieux Saturne
Par Vulcain est estropié.
Le trident de monsieur Neptune
Sert de béquille à Cupidon.
    Le pèr' Caron
    D'son aviron
    Fris' le menton
De son maître Pluton ;
Et Diane au clair de la lune
N'a rien d'caché pour Actéon.

Air : Des folies d'Espagne.

Las d'marmotter plus d'un' vaine prière
A m'sieur Jupin, m'sieur Bacchus, m'sieur Phœbus,
« Tous ces dieux-là, dit-il, sont donc de pierre !
» Adressons-nous à madame Vénus. »

Air : Du Sorcier.

« A ton objet qu' veux-tu que j'donne !
» Dit Cypris, il est plein d'appas.
» C'te bouche est on n'peut plus mignonne.
» — Oui, mais elle n'me sourit pas.
» — Je ne vois pas dans la nature
» Un chef-d'œuvre plus merveilleux !

✻

» Quels contours gracieux !

» Que diabl' veux-tu donc d'mieux ?

» — Oh ! donnez-lui , j' vous en conjure !

» Pour qu'elle appaise mon tourment ,

  » Un peu d' mouv'ment ! (4 *fois.*)

Air : Mon père était pot.

» O prodige ! ell' me tend la main.

 » Mais , n'est-ce pas un rêve ?

» Sa bouche sourit et son sein

 » Doucement se soulève !

  » Quel teint animé !

  » Quel œil enflammé !

 » C' n'est plus un corps sans ame !....

  » Mais j' m'abuse , hélas !

  » Tant qu'ell' n' parl'ra pas

 » Je n' là croirai point femme. »

Air : Ah ! qu'il est drôle.

V'là qu'ell' parle et lui d' s'écrier :

 « Ah ! comm' c'est tendre !

» Quoiqu'ell' ne fasse que bégayer

 » Qu' j'aime à l'entendre !

» J' me sens pressé contre son sein !

» J'en effleure le blanc satin :

 » Ah ! mon Dieu ! comm' c'est tendre ! (*bis.*)

» De son cœur j'ai trouvé l' chemin

 » Ah ! mon Dieu comm' c'est tendre ! »

Air : A la façon de Barbari.

D' leur hymen advint un luron
    Qui n'était pas de pierre.
Le même jour Pygmalion
    Se vit père et grand-père.
On prétend que c' gentil tendron,
La faridondaine, la faridondon,
    Resta fidèle à son mari,
            Biribi,
    A la façon de barbari
            Mon ami.

ENVOI

A MAMZELLE PIERRETTE,

BLANCHISSEUSE DE LINGE FIN AU GROS-CAILLOU.

Air : De Thibaut.

O vous dont la seule vue
M'embrase du haut en bas,
Auriez-vous d'une statue
Les immobiles appas ?
Mais je m' dis, l'ame toute émue,
    Quand j' vois que vous vous n' bougez pas :
            Si
        C' marbre poli
        S'est amolli,

J'ai l'espoir
D'émouvoir
Ma Pierrette :
Ell' s'amollira
   Larirette ,
Elle s'amollira
   Larira.   } *(bis.)*

Signé LATULIPE.

LA GLOIRE ET L'AMITIÉ.

Air : Du vaud. de la Robe et des Bottes.

DE la gloire vaine chimère
Pourquoi tant chercher la faveur ?
Près d'une amie ou d'une tendre mère
On peut trouver le vrai bonheur.
Ce plaisir vous pouvez m'en croire
Pour les bons cœurs a plus d'appas :
Il faut courir après la gloire ,
Et l'amitié nous tend les bras. } *(bis.)*

LE MATIN.

ROMANCE.

Air : De Berquin.

MALVINA, l'aube matinale
Dissipe les épais brouillards !
Quitte ta couche virginale
Rassemble tes voiles épars ,
J'aperçois la naissante aurore :
Malvina , tu sais que pour moi
Ton regard est plus doux encore !
  Réveille-toi ! (4 *fois.*)

Déployant ses brillantes ailes ,
Le papillon vif et léger
S'élance sur les fleurs nouvelles ;
Son bonheur est de voltiger.
Déjà l'industrieuse abeille
Du travail suit l'utile loi.
Tout s'anime , tout se réveille :
  Réveille-toi !

Le malheureux dans la nuit sombre
En songe entrevoit le bonheur.

Infortuné ! ce n'est qu'une ombre !
Le jour lui montre son erreur.
Ouvrant sa mourante paupière,
Il se relève avec effroi !
Et se traîne vers ta chaumière :
    Réveille-toi !

Malvina, le ruisseau limpide
Murmure parmi les roseaux ;
Deux à deux sur la branche humide
Chantent les amoureux oiseaux ;
Près de sa colombe fidèle
Le ramier vole avec émoi !
Pour suivre un aussi doux modèle,
    Réveille-toi !

LES AVEUGLES DE CIRCONSTANCE.

Air : Du vaudeville de M. Sans Gêne.

Des travers de l'humaine espèce
Je plains les rigides censeurs,
Ces froids Catons tonnent sans cesse :
Les hommes en sont-ils meilleurs ?
Quand la flûte qui nous rallie
Endort ces argus ennuyeux,

Sous le bandeau de la folie
    Fermons les yeux.   (4 *fois.*)

Voyant tomber son mélodrame ,
Génicourt s'écrie en tremblant :
« Juste ciel ! quelle ligue infâme
» Vient s'opposer à mon talent !
» Les vils chefs de cette cabale
» Sifflent comme des furieux
» Quand tout le reste de la salle
    » Ferme les yeux. »

Écoutez ce chaud politique ,
Ennemi de la douce paix ,
Il croit en prônant l'Amérique
Nous prouver qu'il est *bon Français ;*
Pour les nègres il se récrie ,
Lève ses regards vers les cieux !
Et sur les maux de sa patrie
    Ferme les yeux.

Assis auprès de Fanchonnette ,
Thomas sous un berceau de fleurs
A la trop naïve fillette
Vantait l'amour et ses douceurs ;
Et quand parfois un mot trop tendre
Lui paraissait licencieux ,

La belle pour ne pas l'entendre....
Fermait les yeux.

Si pour quitter ce pauvre monde ,
Mes amis, on pouvait choisir
Une fin , narguant qui me fronde
Je voudrais mourir.... de plaisir.
Ivre de vin et de tendresse ,
J'irais joindre mes bons aïeux.
Dieu , dans cette brûlante ivresse ,
Fermez mes yeux !

LE RACCOMMODEMENT.

A MON AMI P....

Air : Ce Magistrat.

De joyeux enfans d'Epicure ,
Qui servent Bacchus , les Amours ,
De la plus légère piqûre
Seront-ils blessés pour toujours ?   (*bis.*)
Qu'il nous échappe un doux sourire.
Ah ! c'est trop long-temps se bouder :
Ici-bas quand on se *déchire*
Il faut bien se *raccommoder*.

LA JOURNÉE DU SOLDAT.

PETIT TABLEAU MORAL, CRITIQUE, COMIQUE,
ET SURTOUT VÉRIDIQUE.

Air : Vive la Lithographie.

On voit paraître l'aurore,
La Diane retentit,
On dormirait bien encore,
Mais il faut quitter le lit.

Afin de se mettre en train
On entonne un gai refrain ;
Tout en se frottant les yeux
On s'habille pour le mieux.

Tandis que plus d'une Hélène
Se colore de carmin,
Nous prenons à la fontaine
La fraîcheur de notre teint.

On brosse, on cire, on polit,
Sachant qu'un proverbe dit :
Tout ce qui luit n'est pas or.
On frotte, on refrotte encor.

L'un, sachant qu'il est de garde,
En fin matois le matin,
Fait remettre au corps-de-garde
Son nom pour le médecin.

Après le premier repas,
Dont je ne parlerai pas,
Craignant en vantant ces mets
De séduire nos gourmets,

Lorsque le temps est propice
Chacun prend son fourniment;
Nous partons pour l'exercice
L'un fâché, l'autre content.

La musique et les tambours,
Nous accompagnant toujours,
Tour à tour donnent le pas
Aux jeunes, aux vieux soldats.

D'accord et d'intelligence
Ensemble nous marchons tous :
Quand verrons-nous donc la France
Aller au pas comme nous ?

O l'agréable métier !
En revenant au quartier
Du souper la douce odeur
Nous met en joyeuse humeur.

On vante Véry, Balcine ;
Et les mets *délicieux*,
Dont notre cuisine est pleine
Ne se trouvent pas chez eux.

Vous pensez, gens opulens,
Que ce sont des ortolans,
Des brochets, des épinards,
Des perdrix ou des canards ?

Ah ! fi donc ! quelle misére !
Comparez à ces *fricots*
D'épaisses pommes de terre,
De succulens haricots.

Vous, riches, dans vos repas
Tristes vous ne riez pas :
Nous jamais nous ne pleurons
Qu'en épluchant les *ognons.*

Le chagrin au front sévére
Chez nous ne saurait entrer :
Défense au factionnaire
De le laisser pénétrer.

On a pour passer le temps
Mille et mille amusemens :
L'un, tant que dure le jour
S'essouffle sur son tambour.

L'un fait écrire à sa belle
Dont il ignore le nom ;
L'autre met en sentinelle
Le fidèle *Bataillon* (1).

S'il vient un tendre billet,
Bien loin d'en faire un secret,
On met à l'ordre du jour
Le doux message d'amour.

Sans faire grande dépense,
On peut avoir tour à tour
Maître d'escrime ou de danse,
Moyennant un sol par jour.

Riches de nos *revenus*,
Nous nous croyons des Crésus :
Quand nous avons quinze sous
Nous allons faire les fous.

Aide-moi, sublime Appelle,
Peins-moi nos soldats en train
Dans la joyeuse chapelle
Du premier marchand de vin.

Un tambour en souriant
Entonne un couplet bruyant ;
Le conscrit et le sapeur
Nous le répètent en chœur.

(1) Vieux chien caniche.

Un vieux grenadier sans taches ,
Tenant son verre à la main ,
Fait briller sur ses moustaches
Le rubis d'un vin divin.

Il fait couler la liqueur
Jusque sur sa *croix d'honneur* :
Plein de ce jus pétillant
Henri paraît plus riant.

Les traits de ce prince aimable ,
Qui n'a jamais aimé l'eau ,
S'animent ! il est à table
Auprès du meunier *Michaud !*

Mais on entend le tambour,
Auquel on n'est jamais sourd ,
C'est la retraite : Bonsoir !
Car avant tout le devoir.

On quitte l'aimable orgie
En chantant un air guerrier.
Le front barbouillé de lie
On regagne le quartier.

Quoique n'ayant plus d'argent ,
Chacun se couche gaiment ,
En fredonnant un refrain ,
Sans songer au lendemain.

En un mot, le militaire,
Volage amant, franc buveur,
Est capable de tout faire :
Hors ce que défend l'honneur.

L'AMANT MALHEUREUX.

ROMANCE SENTIMENTALE.

Air : Faut d'la vertu ; pas trop n'en faut.

MAMZELL', partagez mon amour !
Ou c'te nuit s'ra mon dernier jour ! } (*bis.*)
Mon Dieu qu' ce chien d'amour rend bête !
D'puis qu' j'ons vu vos traits gracieux
Vot' nez ne me sort pas d' la tête,
J'ai toujours votr' bouch' dans les yeux.

    Mamzell', etc.

Dès que j' vous approche, inhumaine,
Mon cœur commence à s'émouvoir !
Il d'vient si gros ! si gros ! morguenne !
Qu' vous d'vez vous en apercevoir.

    Mamzell', etc.

Les jours que j' pass' loin d' vous, cruelle,
Sont pour moi des siècles d'ennuis !

Et si je vous disais, mamzelle,
Les rêves que j' fais toutes les nuits !

    Mamzell', etc.

Qu' j'ai' tort ou non, toujours je cède,
J' suis confiant, bonace et doux ;
Vous voyez donc ben que j' possède
C' qu'il faut pour faire un bon époux.

    Mamzell', etc.

Vous vous obstinez à vous taire !
Dieu ! mon espoir s'rait-il déçu ?
En moi qui peut donc vous déplaire ?
J' ne suis qu' bancal, borgne et bossu.

    Mamzell', etc.

Vous seriez pus heureus' qu'un' reine
Si vous m'épousiez, jarnigoi !
J' vous promets d' vous faire un' douzaine
D' petits marmots gentils... comm' moi.

    Mamzell', etc.

Comm' cheux mon papa y a d' quoi frire,
J' suis sûr d'avoir un' fameus' dot :
En m'épousant vous pourriez dire
Qu' vous épousez un fier magot.

    Mamzell', etc.

Je le vois trop votr' cœur féroce
N' prendra pas pitié d' mon tourment :
Eh bien , barbare , au lieu d'un' noce
Vous serez caus' d'un enterr'ment !!

Mamzell' partagez mon amour !
Ou c'te nuit s'ra mon dernier jour !

SAGE CONSEIL

A MON AMI P....

Air : Restez , troupe jolie.

Comme un *Céladon* près des belles ,
Mon ami , ne soupirez point :
Nous vous verrions perdre près d'elles
Vos couleurs et votre embonpoint.　　　(*bis.*)
D'un sexe aussi léger qu'aimable
Briguez les fers , mais , entre nous ,
Il vaut mieux rire à cette table
Que de pleurer à ses genoux.　　　(*bis.*)

A QUELQUES-UNES DE CES DAMES.

Air : Du vaudeville de Sophie.

O vous que la simple nature
Chaque jour prend soin d'embellir,
Sous le voile de l'imposture
Pourquoi donc vous ensevelir ?   (*bis.*)
Chez vous tout n'est qu'afféterie.
Retenez bien cette leçon :
Un peu moins de coquetterie,   } (*bis.*)
Un peu plus de discrétion.

Vous voulez qu'un amant admire,
Au lieu de vos attraits charmans,
Le fin tissu d'un cachemire,
Le vif éclat des diamans.
Quand on est aimable et jolie
Quelle sotte prétention !
Un peu moins de coquetterie,
Un peu plus de discrétion.

Soit dit aussi sans épigramme,
Trève à vos indiscrets propos.
Ovide prétend qu'une femme
A donné naissance aux échos.

Ah ! prouvez-nous donc , je vous prie,
Que ce n'est qu'une fiction.
Un peu moins de coquetterie ,
Un peu plus de discrétion.

Thalie indiscrète et fantasque
Vous singe, belles de nos jours ,
Et, d'un masque couvrant son masque,
Bâille sous de riches atours.
Mais les connaisseurs à Thalie
Voudraient , dans mainte occasion ,
Un peu moins de coquetterie ,
Un peu plus de discrétion.

Souffrirez-vous qu'on vous éclaire ,
Vous qui sans art pouvez charmer?
A quoi bon tant de soin pour plaire ?
On vous aime , sachez aimer.
Par la douceur , la modestie
Méritez notre attention :
Un peu moins de coquetterie,
Un peu plus de discrétion.

LES ATOMES.

Air : Sur l'port avec Manon z'un jour.

Quand parfois je jette les yeux
Sur cet animal orgueilleux,
Le roi du terrestre domaine,
Je ne vois dans l'épaisse nuit
Qu'une ombre vaine qui s'enfuit;
    Car l'homme est petit,
    Si petit, si petit!
Qu'on peut le distinguer à peine.

Tous ces froids et lourds mannequins,
Que sur de riches palanquins
Tout le long du jour on promène,
Lorsque, sur la plume endormis,
Ils n'ont plus leurs brillans habits
    Las! ils sont petits!
    Si petits, si petits!
Qu'on peut les distinguer à peine.

Voyez ce fameux spadassin,
Qui toujours l'épée à la main
Se croit pour le moins un *Turenne*,

De loin il fait beaucoup de bruit;
Dès qu'on l'approche il s'adoucit:
　　Et devient petit,
　　Si petit! si petit!
Qu'on peut le distinguer à peine.

Que je suis, dit Rose, en courroux
Après cet atôme d'époux
Qu'on m'a donné l'autre semaine!
Avec un si grand appétit,
Comme mon pauvre cœur pâtit!
　　Car il est petit!
　　Si petit! si petit!
Que ma main le rencontre à peine.

Grands orateurs, dont les discours
Rappellent les glorieux jours
De Rome et de la fière Athène,
Si quelques fâcheux ennemis
Venaient troubler notre pays
　　Vous seriez petits,
　　Si petits! si petits!
Qu'on vous distinguerait à peine.

Espérons un jour en enfer
Fuir la griffe de Lucifer:
Dans cette flamboyante plaine
Quand nous serons tous réunis

Pour être lardés ou rôtis,
Nous serons petits !
Si petits ! si petits !
Qu'on pourra nous trouver à peine.

PENSEZ A MOI.

ROMANCE.

Air : Faut l'oublier.

Pensez à moi au temps où Flore
Dans nos champs répand ses faveurs.
Rappelez-vous les tendres fleurs
Que je vous portais chaque aurore.
Aux lieux où vous donnai ma foi
Quand vous viendrez, cruelle amante,
Vous ne pourrez voir sans émoi
Se pencher une fleur mourante :
    Pensez à moi !   (*bis.*)   } (*bis.*)

Pensez à moi quand l'indigence
Humblement vous tendra la main.
Rappelez-vous qu'un peu de pain
Du pauvre soutient l'existence.
Jadis ensemble, ô doux emploi !
Nous visitions chaque chaumière ;

Nos cœurs nous en dictaient la loi :
Quand vous secourez la misère,
    Pensez à moi.

Pensez à moi lorsque la terre
Me recèlera pour toujours.
Songez encor à nos amours
Près de ma tombe solitaire.
Quand des nuits, le triste beffroi,
Aura sonné l'heure dernière,
Vous entendrez avec effroi !
Dire à l'écho du cimetière :
    Pensez à moi ! !

NOUS VOILA.

(Janvier 1821.)

Air : De la ronde de la Ferme et du Château.

SALUT, noble et fière Lutèce,
Antique fille des Césars !
Dans tes murs avec allégresse
  Nous déployons nos étendards.   (*bis.*)
Heureux, lorsque l'an recommence,
De nous revoir en ta présence !
Nous voilà, Lutèce, nous voilà,
Toujours armés pour ta défense,

Nous voilà, Lutèce, nous voilà ;
Pour toi nous serons toujours là.

Salut à vous, vieux frères d'armes,
Nobles invalides français !
Combien nous goûterons de charmes
Au récit de tous vos succès.
Vous qui vainquîtes tant d'entraves !
Avec nous dépeuplez les caves.
Nous voilà, vieux guerriers, nous voilà,
Fiers de boire avec de vrais braves,
Nous voilà, vieux guerriers, nous voilà ;
Pour vous chérir nous sommes là.

Salut à toi, noble statue,
Image du meilleur des rois !
Si tu fus long-temps abattue
Plus brillante je te revois !
Toi qui, pour vivre dans l'histoire,
Fêtas l'amour, le vin, la gloire,
.Nous voilà, bon Henri, nous voilà !
Le cœur rempli de ta mémoire,
Nous voilà, bon Henri, nous voilà !
Pour t'imiter nous sommes là.

Salut, jeune espoir de la France,
Toi, dont l'avénement heureux,

Ouvrant nos cœurs à l'espérance,
Des méchans trompe tous les vœux,
Compte sur l'amour et le zèle
D'une garde toujours fidèle.
Nous voilà, noble enfant, nous voilà,
Près de toi l'honneur nous appelle,
Nous voilà, noble enfant, nous voilà :
Dors en paix tes soldats sont là.

Salut, famille révérée,
Dont chacun ressent les bienfaits,
Par toi la France restaurée
Jouit des douceurs de la paix.
Toi, dont la plus douce vengeance
Est de secourir l'indigence,
Nous voilà, bon Louis, nous voilà !
Te servir c'est servir la France,
Nous voilà, bon Louis, nous voilà !
Pour toi nous serons toujours là.

Défenseurs des fils d'Henri-Quatre,
Si quelque étranger, dès demain,
Ose tenter de nous combattre,
Paris, nous te quittons soudain.
Joignant cette ligue ennemie,
Chacun de nous marche et s'écrie :

» Nous voilà, chers voisins, nous voilà !
» Croyez-vous la France endormie ?
» Nous voilà, chers voisins, nous voilà !
» Pour la venger nous sommes là ! »

LES ENSEIGNES.

(Avril 1819.)

Air : Du Combat des Montagnes.

Des mœurs de nos jours pourquoi
    Faut-il qu'on se plaigne,
Quand je vois *la bonne foi*
    Partout.... pour enseigne ?

Las ! comment trouverait-on
    Ce qu'on vous enseigne ?
L'honnête homme et le fripon
    Ont la même enseigne.

Ce gros marchand mon voisin
    Que chacun le plaigne ;
Hélas ! tout son magasin
    Est sur son enseigne !

Crois-moi, tu ne plairas plus,
    Amoureuse duègne,
A moins que de bons écus
    Ne soient ton enseigne.

Quand'vous vous *boxez*, milords,
    Le nez vous en saigne :
Pourtant le nez est du corps
    La plus belle enseigne.

Eu vain vieux guerriers français,
    Un sot vous dédaigne :
De votre antique palais
    La gloire est l'enseigne.

Louis, les soldats français,
    Bénissant ton règne,
N'abandonneront jamais
    Ta royale enseigne.

Pour enseigne un Limosin
    Prend une châtaigne.
Du Bourguignon le raisin
    Fut toujours l'enseigne.

Sur ma petite maison
    Je veux que l'on peigne
Une marotte, un flacon :
    Voilà mon enseigne.

Moquons-nous dans nos ébats
    De qui nous dédaigne :
Nous serons logés là-bas
    A la même enseigne.

Trinquons ! ce devoir bien doux
  Bacchus nous l'enseigne....
Eh bien !... messieurs, prenez-vous
  Mon bras pour enseigne ?

SOUVENIR ET ESPÉRANCE.

COUPLETS CHANTÉS PAR Mme MARIE P.... A SON MARI,

LE JOUR DE SA FÊTE.

Air : Contentons-nous d'une simple bouteille.

Mon cher époux, heureuse, satisfaite,
Je me souviens de ce moment flatteur
Où, je ne sais si c'était pour ta fête,
Je vins t'offrir une première *fleur*.
Le cœur ému je crois t'entendre encore
En souriant me nommer ta moitié :
De ce beau jour nous revoyons l'aurore ;
Tout rajeunit au sein de l'amitié.

De Cupidon si la fuite est prochaine,
Par l'amitié nous serons réunis.
Que ferons-nous ? Nous changerons de chaîne :
Les vieux amans sont de jeunes amis.
Puis une sœur peut beaucoup sur son frère ;
L'amour encor, par elle supplié,

Nous conduira quelquefois à... *Cythère* :
Tout rajeunit au sein de l'amitié.

Sous l'humble toit ou le sort nous rassemble
Au coin du feu l'un près de l'autre assis
Sans y songer nous vieillirons ensemble :
Bon *Philémon*, je serai ta *Baucis*.
Tu souriras lorsque ta pauvre vieille,
Son bras tremblant sur ton bras appuyé,
Viendra t'offrir une rose vermeille :
Tout rajeunit au sein de l'amitié.

Sans éprouver d'une vieillesse austère
Les noirs soucis et les tristes regrets,
Nous prouverons aux ingrats de la terre
Que les bons cœurs ne vieillissent jamais ;
Oui nous verrons, l'ame toujours contente,
Notre destin des rois même envié :
Quand tout vieillit sous la pourpre éclatante,
Tout rajeunit au sein de l'amitié.

LE MODÉRÉ.

Air : Du Fleuve de la vie.

JE suis un philosophe austère,
Toujours content de mon destin :
Lorsque je voyage à Cythère
Bacchus n'est pas sur mon chemin.
N'admirez-vous pas ma sagesse ?
Suis-je ambitieux ? car enfin,
La nuit je me passe de vin,
Et le jour de maîtresse.

Je connais des gens dont l'ivresse
Se prolonge toute la nuit ;
Fi donc ! moi près de ma maîtresse
Le vin n'a rien qui me séduit.

    N'admirez-vous pas, etc.

Foin ! de ce langoureux Trouvère
Qui soupire la nuit, le jour :
Moi le jour je remplis mon verre
Loin de l'objet de mon amour.

    N'admirez-vous pas, etc.

Le soir je vole près d'Adèle
Plein de la divine liqueur :

Demandez à la jouvencelle
L'excès de ma brûlante ardeur !

N'admirez-vous pas, etc.

L'aurore paraît ! fuyant vite,
J'échappe à ses bras amoureux.
Sous la treille, où Bacchus m'invite,
Je cours puiser de nouveaux feux.

N'admirez-vous pas, etc.

Que je vous serve de modèle,
Amateurs de vins, de tendrons ;
Ne quittez jamais votre belle
Que pour courir à vos flacons.
N'admirez-vous pas ma sagesse ?
Suis-je ambitieux ? car enfin,
La nuit je me passe de vin,
Et le jour de maîtresse.

AUTRE CHOSE.

(MOT DONNÉ.)

Air : De la Paille.

Le sentimental troubadour
Soupire dans une romance
Ses doux pensers, son tendre amour,
Et les attraits de son *Ermance*.

On a chanté sur tous les tons
Le laurier, le pampre et la rose ;
Chaque jour nous nous répétons :
Moi je vais chanter *autre chose*.　　}(*bis.*)

A sa belle un timide amant
Disait tout bas : « Daigne m'apprendre
« Si Lubin dans certain moment
« Te prouvait un amour plus tendre ?
« Séduit par tes attraits charmants
« Osait-il bien tout ce que j'ose ?
« Te prenait-il baisers , rubans ?
« — Il me prenait bien *autre chose*. »

Je connais un lieu fort décent ,
Quoique maint libertin s'en moque,
Là le mot le plus innocent
A quelque chose d'équivoque.
Sur le secret des amoureux
Chacun y tient la bouche close :
On y proscrit danses et jeux....
Mais on y fait tout *autre chose*.

O vous que l'hymen a soumis ,
Riant d'une froide épigramme ,
Songez que vos meilleurs amis
Vous les devez à votre femme.

Votre nœud, j'en suis convaincu,
Est quelquefois couleur de rose ;
Et plus d'un époux est.... *heureux :*
Mon Dieu ! j'allais dire *autre chose.*

Siffler vaudevilles, sermons,
Parler modes et politique,
Secourir au-delà des monts
Une étrangère république,
Des mots *lauriers*, *gloire* et *succès*
Farcir et ses vers et sa prose ;
Aujourd'hui pour être *Français*
Il ne vous faut pas *autre chose.*

Tous les ans les quatre saisons
Couvrent le sein de notre mère
De blanche neige et verds gazons
Que parent la fleur éphémère.
Nuit obscure, ou vive clarté,
Bouton naissant, mourante rose :
Nos yeux sur ce globe enchanté
N'aperçoivent pas *autre chese.*

LE PAUVRE AVEUGLE.

Air : Nouveau , ou du vaudeville de la Robe et des Bottes.

Un mendiant, à son confrère ,
Dont l'âge avait fermé les yeux ,
Redit , pour tromper sa misère :
« Frère , aujourd'hui tout va bien mieux :
« Du riche l'aumône discrète
« Du malheureux comble l'espoir »;
Et le pauvre aveugle répète :
« Hélas ! qui me le fera voir ! »

« Attendri sur ton infortune
« Chaque passant te tend la main :
« — Je cherche et n'en trouve pas une
« Qui me guide sur mon chemin.
« — Sur son char un *Crésus* te guette :
« Ton état paraît l'émouvoir. »
Et le pauvre aveugle répète :
« Hélas ! qui me le fera voir ! »

« L'homme pour un peu de fumée
« Ne tourmente plus ses esprits.
« L'impartiale renommée
« N'a que de dignes favoris :

11

« Elle n'embouche sa trompette
« Que pour le talent, le savoir. »
Et le pauvre aveugle répète :
« Hélas ! qui me le fera voir ! »

« Oui, frère, l'homme de mérite
« Obtient les places, les honneurs,
« On poursuit l'infâme hypocrite,
« La vertu dirige les cœurs ;
« L'épouse *fidèle* et *discrète*
« Est esclave de son devoir. »
Et le pauvre aveugle répète :
« Hélas ! qui me le fera voir ! »

Le pauvre aveugle en sa cabane
Succombe au poids de son malheur ;
Couvert d'une riche soutane,
A pas lents vient un confesseur :
Assis sur sa frêle couchette
Il lui peint le diable bien noir !
Et le pauvre aveugle répète :
« Hélas ! qui me le fera voir ! »

RÉFLEXIONS

MORALES ET POLITIQUES DE LATULIPE,

SUR L'IMPOSSIBILITÉ DE S'EMPÊCHER DE FUMER.

(Juin 1820.)

Air : Ma belle est la belle des belles.

Quoi, Fanchon, tu veux que ton homme
Ne boiv' ni ne fum' désormais ?
Song' donc qu'à la pipe, au rogomme
Latulip' ne r'nonc'ra jamais.
J' n'écoutons aucun' remontrance.
Ma chèr' t'auras beau t' gendarmer ;
Dans l' tabac (1) z'on veut mettr' la France :
Peut-on s'empêcher de fumer ?   (*bis.*)

Vêtu zà la mode de *Sparte*,
Quand plus d'un fat avec chaleur
S'écrie : *Ah ! Dieu on viol' la Chatte !*
N'y a pus d' patie ! n'y a pus d'honneur !
Et qu'un marmiton plein de finesse,
T'nant z'un dindon qu'il vient d'plumer,
S'échauffè en faveur de la *Grece*
Peut-on s'empêcher de fumer ?

Quand j' vois nos *respectables membres*
Comm' des port'faix s'injurier,

(1) Expression militaire qui équivaut à *duper, tromper.*

Bouffi d' colèr', j' dis : v'là des chambres
Qu' faudrait *frotter* zet *balayer.*
Voyez la gauch', la droite et l' centre,
Tels que des lions, s'enflammer
Pour prendr' les intérêts..... d' leur ventre :
Peut-on s'empêcher de fumer ?

A fumer tout c' que vois m'excite.
Dans son ménage un tendre objet,
Au lieu d'écumer sa marmite ,
Parle d' la *presse* et du *budjet.*
D' la raison forçant les barrières,
Des *malins,* que j' n'ose nommer,
Brûlent tout avec leurs *lumières :*
Peut-on s'empêcher de fumer ?

J' fume en voyant c'te girouette,
Qui si souvent changea d'habit,
A droite à gauch' faire la courbette
Et dir' pour se mettre en crédit :
« Pour d'autr's que l' roi jamais je n' bouge. »
Sans dout' c'était peur d' s'enrhumer
Qu' jadis ell' portait l' *bonnet rouge :*
Peut-on s'empêcher de fumer ?

Bref, je fum'rai tant que l' mérite
Sera méconnu, repoussé ,

Tant que l'intrigant hypocrite
Au premier rang sera placé ,
Tant qu' nous aurons d' tristes gazettes,
Que barbouillent de froids discours ,
Des sots , des fripons , des coquettes:
Tu vois bien que j' fum'rai toujours.

LEÇON DE BOTANIQUE ,

OU PLUTOT D'HISTOIRE NATURELLE.

Chanson qui me fut apportée par l'écho indiscret d'un cabinet particulier d'histoire naturelle.

Air : Du Fleuve de la vie,

Tu vois cette *rose* jolie
Qui s'enorgueillit sur ton sein ;
De te la décrire , *Julie* ,
Je viens de former le dessein.
Lorsque le doux printemps rappelle
Les jeux , les ris et les amours ,
Par elle commençons un cours
    D'histoire naturelle.

Eh quoi ? ce projet te chagrine ?
N'aimes-tu pas de tels loisirs ?
Tu crains qu'une *cruelle épine*
Ne vienne troubler nos plaisirs ?

Calme tes craintes, ô ma belle !
Prête l'oreille à mes discours ;
Et continuons notre cours
  D'histoire naturelle.

Dieu ! que de beautés je découvre !
Du regard seul dois-je en jouir ?
Sous mes doigts ta *rose* s'entrouvre :
Elle semble s'épanouir.
Vois comme sa forme est plus belle
Quand j'en écarte les contours...
Ma Julie, achevons ce cours
  D'histoire naturelle.

Ah ! si quelqu'épine traîtresse,
Julie, a fait couler tes pleurs,
Vois quelle coupe enchanteresse,
Nous offre la reine des fleurs !
Tout mon être s'exhale en elle !
Soutenez-moi, petits Amours....!
Ou.... j'expire.... en faisant mon cours
  D'histoire naturelle.

Cet amant botaniste, extasié sans doute devant les beautés de la nature, resta un instant silencieux : l'écho ne répétait que des soupirs et des mots sans suite que je ne pus comprendre. Enfin il reprit d'un ton ému.

Quelle science aimable et pure !
Puis-je trop la glorifier ?

Quelle est donc belle la nature !
Qu'il est doux de l'étudier !
Lorsque nous raisonnons sur elle
Les moments nous semblent bien courts :
Julie, ah ! faisons un long cours
  D'histoire naturelle.

LE PÈRE ÉTIENNE.

CHANSON VILLAGEOISE.

Air : Nouveau.

CHŒUR.

Il est bien vieux
  Le père Étienne :
Mais, de lui pour qu'on se souvienne ,
Il est toujours franc et joyeux.   *(bis.)*

A la gaîté de son visage
Qui pourrait deviner son âge ?
Ce bon vieillard dans peu de temps
Verra son centième printemps !

  Il est bien vieux , etc.

Assis sous l'orme du village ,
Dont il vit le premier feuillage ,

Parfois encor sa faible main
Fait résonner le tambourin.

Il est bien vieux, etc.

Au son de la flûte champêtre
Le bon homme semble renaître ;
Et sans quitter le verd gazon,
Il s'agite sur son bâton.

Il est bien vieux, etc.

A table il n'est jamais sévère,
Et tout d'un trait vide son verre,
En nous disant d'un ton gaillard :
« Le vin est le lait d'un vieillard ».

Il est bien vieux, etc.

Il a toujours l'ame contente ;
Et souvent d'une voix tremblante
Il nous fredonne un vieux refrain
Dont il ne peut trouver la fin.

Il est bien vieux, etc.

Vous saurez aussi que naguère
Le père Étienne fit la guerre ;
Il montre encor avec fierté
Le vieux mousquet qu'il a porté !

Il est bien vieux, etc

Près de la vieille Marguerite,
Qui jadis connut son mérite,
S'il ne peut plus se soutenir ;
Il est heureux d'un souvenir.

Il est bien vieux , etc.

Le plaisir dans ses yeux pétille
Quand il voit sa petite fille,
Qu'il presse dans ses bras tremblans,
De fleurs couvrir ses cheveux blancs !

Il est bien vieux , etc.

Ainsi, sans plainte et sans murmure,
Ce vieil ami de la nature,
De la mort bien loin de frémir,
Comme un enfant va s'endormir !

CHŒUR.

Il est bien vieux
Le père Étienne :
Mais, de lui pour qu'on se souvienne,
Il est toujours franc et joyeux.

LE BAL MASQUÉ.

ROMANCE.

Air : Veillez sur la mère et l'enfant.

Dans ses bras l'amitié m'entraîne.
Où suis-je ? en un salon brillant.
Bons amis, pour calmer ma peine
Vous m'offrez un masque riant.
Allons je cède à votre envie,
Je saurai taire mes douleurs.
Sous le masque de la folie
Ah ! tâchons de cacher mes pleurs !   (*bis.*)

Il faut déguiser ma tristesse.
Chers amis, au sein des plaisirs
Redoublez vos chants d'allégresse,
Qu'on n'entende pas mes soupirs.
Tremblante, ma voix affaiblie
Se mêle à vos accords flatteurs :
Sous le masque de la folie
Ah ! tâchons de cacher mes pleurs !

En souriant on s'entrelace
Aux sons des instrumens joyeux ;

Parmi la foule je prends place
Auprès d'un objet gracieux ;
Mais à chaque instant je m'oublie
Pour ne songer qu'à mes malheurs.
Sous le masque de la folie
Ah ! tâchons de cacher mes pleurs !

Parmi ces brillantes lumières
J'entrevois un pâle flambeau !
Et si je ferme ma paupière,
Je suis seul auprès d'un tombeau !
Un funeste cyprès s'allie
A cette guirlande de fleurs !
Sous le masque de la folie
Ah ! tâchons de cacher mes pleurs !

Fuyons !... malgré moi je découvre
Et mes regrets et mes chagrins ,
Et sur le masque qui les couvre
Déjà mes traits se sont empreints !
Humide, la cire flétrie
A perdu ses vives couleurs :
Sous le masque de la folie
Je n'ai pu leur cacher mes pleurs :

LISETTE.

Air : Du ballet des Pierrots.

QUAND la sémillante Lisette
Est mon Hébé dans un festin,
Ce que me verse la brunette
Me semble du nectar divin.
Pour trinquer la belle elle-même
Etend vers moi son joli bras :
Ah! le vin n'est pas ce que j'aime,
Mais c'est la fille à Nicolas.   (*bis.*)

Quand sur ma chétive musette
J'ose préluder quelques sons,
C'est pour y célébrer Lisette :
L'amour seul dicte mes chansons.
Je puis sous un adroit emblême
Chanter ses vertus, ses appas :
La chanson n'est pas ce que j'aime,
Mais c'est la fille à Nicolas.

Amis, avec vous le dimanche
Si je saute sur le gazon,
C'est pour y presser la main blanche
De la trop aimable Lison.

En dansant, ô bonheur suprême !
Je puis la presser dans mes bras :
La danse n'est pas ce que j'aime,
Mais c'est la fille à Nicolas.

Lise est brave autant que jolie ;
Quand de nos exploits glorieux
J'entretiens cette jeune amie,
Le plaisir brille dans ces yeux.
Que Lise parle, à l'instant même
Je cours affronter le trépas !
La gloire n'est pas ce que j'aime,
Mais c'est la fille à Nicolas.

Mais croiriez-vous bien que j'aspire
Au titre éblouissant de roi ?
Je voudrais offrir un empire
A celle qui règne sur moi.
Sous un éclatant diadème,
Dieu, que son front aurait d'appas !
La grandeur n'est pas ce que j'aime
Mais c'est la fille à Nicolas.

LA MORT DE BATAILLON (1).

COMPLAINTE.

Air : Que ne suis-je la fougère.

Queu nouvell' court zà la ronde !
Chienn' de mort ce sont d' tes coups !
Bataillon n'est plus de c' monde
V'là pourtant c' que c'est que d' nous !
Les *Achill'* zet les *Pétrarque*,
Dont j' gardons le souvenir,
Ont ben passé dans la barque :
Bataillon devait mourir.

D' *Munito*, dont l' nom résonne,
Il n'avait pas les moyens ;
Mais n' faut pas qu'on s'en étonne
C'lui-là zest l' *Voltair'* des chiens.
Bataillon pour lui t'nir tête
Aurait perdu son latin ;
En r'vanch' c'était zun' bonn' bête
Qu'avait le cœur sur la *main*.

Fuyant d'un maître despote
La barbare autorité,
C'était zun vrai *sans culotte*,
Ami de la liberté.

(1) Vieux chien caniche.

Jamais ne lui prit l'envie
De former l' plus p'tit lien :
Il s' piqua toute sa vie
D'être *libéral* comme un chien.

Craignant qu'un nouveau visage
N' lui fît courir des dangers ,
Il f'sait un joli tapage
Après tous *les étrangers.*
Et c' qui nous donn' l'assurance
Qu' c'était zun chien bon français ,
C'est qu' mon mâtin d'importance
Vous rossait les *chiens d'anglais.*

Ton enterr'ment , pauvre diable ,
S'est fait sans beaucoup d'éclat ;
Et sans nous , chien estimable ,
On n'y aurait pas vu *zun chat.*
Pourtant dans Paris j' parie
Qu'on régal' d'un biau convoi
Plus d'un rich' qui , dans sa vie ,
Zétait encor pus chien qu' toi.

Le vif regret d' Latulipe ,
Pauvr' chien , tu n' l'as pas volé.
J' donn'rais volontiers ma pipe
Pour que tu n' sois pas *dég'lé.*

En c' lieu si queuqu' regard tombe,
Pour ne pas t' fair' connaître à d'mi,
Je veux graver sur ta tombe :
« *Ci gît notr' meilleur ami.* »

LATULIPE.

LE LILAS.

Air : Vos maris en Palestine.

AGRÉABLE solitude,
Combien tu charmes mon cœur !
La nature est mon étude
Dans ce séjour enchanteur.   *(bis.)*
Que Paris, dans son délire,
S'écrase pour voir *Calas*,
De ce plaisir je suis las,
Et je vais monter ma lyre
Sous un bosquet de lilas.   *(bis.)*

La *rose*, que chacun fête,
A causé mainte rumeur. (1)
La modeste *violette*
Fut un signe de malheur !
Ici parfois mainte belle,

(1) La rose blanche et la rose rouge, en Angleterre.

D'amour voulant fuir les lacs,
Combattit..... pour ses appas :
Mais jamais d'autre querelle
Sous un bosquet de lilas.

Ah ! sous ces branches flexibles,
Que recourbent les zéphirs,
Venez, beautés insensibles,
Qui vous croyez sans désirs;
Et vous que Plutus décore,
Quittant vos lourds falbalas,
En ces lieux portez vos pas :
Vous soupirerez encore
Sous un bosquet de lilas.

Du monde, images brillantes,
Ah ! vous flattez moins mes yeux
Que ces grappes odorantes
Tombant en flots gracieux.
Les noirs serpents de l'envie
Sous ces fleurs ne roulent pas.....
Mais qui m'appelle là-bas ?
Laissez-moi chérir la vie
Sous un bosquet de lilas,

CE QUE JE VEUX.

Air : Du vaudeville des Scythes et des Amazones.

Amis, gardez-vous de me croire
Un cœur avide, ambitieux :
Le vain fantôme de la gloire
N'a jamais fasciné mes yeux.   (*bis.*)
De francs lurons qu'un cercle m'environne ;
Plaignant le sort d'un riche désireux ,
Que le plaisir me tresse une couronne ;
Mes bons amis, c'est tout ce que je veux.   } (*bis.*)
  Mes amis, c'est tout ce que je veux.   (*bis.*)

La jeune et sémillante Hortense
M'accorde ses tendres faveurs :
Pourtant je crains que l'inconstance
N'offre à la belle des douceurs.
Cela se peut : mais, quand je suis près d'elle ,
Quels doux transports ! et quels brûlans aveux !
En ce moment qu'elle me soit fidelle ,
Mes bons amis , c'est tout ce que je veux.

Apôtre de la tolérance ,
Des partis je plains la fureur,
Et le démon de la vengeance
N'animera jamais mon cœur.

Assez long-temps j'ai gémi sur la France !
Le ciel enfin semble exaucer mes vœux :
Y voir régner la paix et l'abondance,
Mes bons amis, c'est tout ce que je veux.

Je suis joyeux sans une obole ;
Midas, gorgés d'or vous pleurez :
Tous ceux qui boivent au Pactole
Ne sont jamais désaltérés.
Que jusqu'au bout ma gaîté m'accompagne.
Quand l'âge aura grisonné mes cheveux,
Sourire encore à ma vieille compagne :
Mes bons amis, c'est tout ce que je veux.

COUPLETS

IMPROVISÉS LE JOUR DE LA SAINT-LOUIS,

A UN BANQUET MILITAIRE.

(1823.)

Air : C'est le vin, le vin. (*Du concert d'amateur.*)

CHŒUR.

SUIVANT de bien douces lois ,
Mes joyeux frères ,
Au bruit des verres
Chantons d'une même voix
Le meilleur des rois.   (*bis.*)

Douce paix, un sombre nuage
Nous cache ton front radieux.
Les horreurs d'un cruel naufrage
Se développent à nos yeux !
  O mortelles alarmes !
  Tout fuit désespéré !
  Mais pour sécher nos larmes
  Paraît le *Désiré !*

        Suivant de, etc.

O toi dont la fureur médite
Méchant complot, triste pamphlet,
Que faut-il pour te mettre en fuite ?
Le refrain d'un joyeux couplet.
  Ah ! de la malveillance
  Que nous font les propos ?
  L'honneur et la vaillance
  Veillent sur nos drapeaux.

        Suivant de, etc.

Louis l'ordonne, allons combattre !
Sa voix réveille la valeur,
Et *le panache d'Henri-Quatre*
Flotte encor aux champs de l'honneur.
  Marchez, nobles cohortes :
  Les Espagnols jamais

N'ont pu fermer leurs portes
Aux fils du *Béarnais !*

   Suivant de , etc.

Vous dont la coupable espérance
Fuit en apprenant nos succès,
Ah ! voyez notre vieille France
Fière de ses jeunes Français.
   Tous nos preux sont avides
   De servir leur pays :
   Chez nous point *d'invalides ,*
   Chez nous point de *conscrits.*

    Suivant de , etc.

Nos yeux , nos bouches sont humides
De larmes de joie et de vin ;
Nos verres ne sont jamais vides,
D'amour nos cœurs sont toujours pleins.
   Trinquons !... Quelle harmonie !
   Allons de bonne foi
   Buvons à la patrie,
   C'est boire à notre roi.

Suivant de bien douces lois,
   Mes joyeux frères,
   Au bruit des verres
Chantons d'une même voix
   Le meilleur des rois.

LA NACELLE.

COUPLETS CHANTÉS A MON AMI PIERRE P...., LE JOUR DE
SA FÊTE, PAR SES CINQ JEUNES DEMOISELLES.

Air : De l'Oriflamme.

Sur cette mer où l'aveugle destin
Règle le sort de nos barques légères
Faibles encor, craintives passagères
Que devenir sans un guide certain ?
Veille sur nous , ô puissance immortelle !
Du fond du cœur nous venons t'en prier :
Pour diriger la tremblante nacelle
Conserve-nous notre bon *Nautonnier.* } (*bis.*)

Vous le savez, c'est aujourd'hui , mes sœurs,
Que nous fêtons notre fidèle guide :
A son insu, malgré le flot rapide,
Sur le rivage arrachons quelques fleurs.
Tendre pensée, et toi fraîche immortelle,
Unissez-vous à la rose, au laurier ;
Vous brillerez sur la faible nacelle,
Et sur le front de notre *Nautonnier.*

Les vents légers à peine osent frémir.
Ah ! pouvons-nous redouter un orage ?

Le ciel est pur, pas le moindre nuage ;
Voyez, mes sœurs, les flots semblent dormir !
Dans nos regards le plaisir étincelle !
Quel calme heureux ! quel souffle printanier !
Le vrai bonheur, pour guider la nacelle
A pris les traits de notre *Nautonnier*.

Autour de lui, sœurs, il faut se presser
Si ce vieillard qui n'épargne personne
Voulait flétrir les fleurs de la couronne
Que sur son front nous venons de placer,
Rapprochons-nous : du temps la faux cruelle
L'épargnera sous un tel bouclier,
Et pour guider la tremblante nacelle,
Nous laissera notre bon *Nautonnier*.

A ta *Clarisse* abandonne une main.
Donne un baiser à ta chère *Julie*.
Entre tes bras presse *Olympe* attendrie.
Laisse *Clémence* approcher de ton sein.
Sur tes genoux est la place d'*Adèle*.
Pour un instant sois notre prisonnier.
Douce amitié, dirige la nacelle ;
Nous retenons notre bon *Nautonnier* !

MONSIEUR MODESTE.

Air : De la Légère. (Contre danse.)

MODESTIE   (bis.)
Sois ma déité chérie.
    Modestie ,   (bis.)
    Ta candeur
    Plaît à mon cœur.

Loin d'un monde turbulent ,
Tel que l'humble violette
Qui se cache sous l'herbette ,
Je fuis avec mon talent ;
Mais les échos du bocage
Redisent mes faibles sons :
Tel à travers un nuage
Phœbus darde ses rayons.

    Modestie, etc.

Dans un instant de loisir
Si mes doigts touchent ma lyre ,
C'est un transport, un délire !
On se pâme de plaisir !
Si ce que ma muse enfante
Ne restait dans un carton ,

Voltaire, que chacun vante,
Ne serait qu'un *avorton*.

  Modestie, etc.

Jadis dans les camps français
Combien je vainquis d'entraves !
C'est à moi que nos vieux braves
Ont dû leurs plus beaux succès.
Ah ! si ma rare vaillance
Modestement n'eût agit,
Tous les rubans de la France
Flotteraient à mon habit.

  Modestie, etc.

Des richesses, des honneurs
Pour moi le chemin s'entrouvre ;
Et je siégerais au Louvre
Sans la crainte des flatteurs :
Oui messieurs, je vous l'atteste,
Croyez-en ma *bonne foi*,
Si j'eusse été moins *modeste*
Je serais peut-être..... *Roi*.

  Modestie, etc.

Quand mes yeux seront fermés
A la divine lumière,

13

Qu'on couvre d'une humble pierre
Mes restes inanimés,
Et que ma tombe muette
S'éclipse sous le gazon!.....
Mais je sais que l'on projette
De me mettre au *Panthéon*.

    Modestie, etc.

J'ai rimé sans y songer
Cette *fade* chansonnette :
Mais tout bas chacun répète :
« Morbleu ! c'est du *Béranger !* »
Voyez ma rougeur naissante....
Respectez mon embarras.
Oui... ma chanson.... est... *charmante.*
Mais ne l'applaudissez pas !

    Modestie,   (*bis.*)
Sois ma déité chérie.
   Modestie,   (*bis.*)
    Ta candeur
    Plaît à mon cœur.

SANS CHAGRIN,

ou

LE SOLDAT PHILOSOPHE.

Air : Allez-vous-en, gens de la noce.

Ma jeune maîtresse et mon verre
Seuls me procurent d'heureux jours.
Que je plains cet homme sévère
Qui fuit le vin et les amours.
Ma *Lisette* est fraîche et jolie,
De bourguignon mon verre est plein.
  Jamais d'chagrin ! (*bis.*)
Au diable la mélancolie !
   Toujours en train
   C'est mon refrain.

Fi d'une maîtresse superbe
Qu'on ne sait par quel bout toucher !
Avec ma *Lisette* sur l'herbe
Chaque jour me voit trébucher.
Partout au gré de mon envie
Je chiffonne et porte la main.
  Jamais d'chagrin ! etc.

Quand l'horizon se décolore
J'entonne de joyeux propos.
Souvent les rayons de l'aurore
Me surprennent parmi les pots.
J'aime à tarir jusqu'à la lie
Du jus qui rend mon front serein.
   Jamais de chagrin ! etc.

S'il nous faut en venir aux prises
Pour défendre notre pays,
L'étranger en verra des *grises*
Si je peux le joindre étant *gris.*
En chantant je m'avance !... il plie!
Il est vaincu !... vive le vin !
   Jamais d' chagrin ! etc.

Il se peut fort bien qu'on me coupe
Quelque membre avant mon trépas ;
Mais au moins pour remplir ma coupe,
Dieu, daigne me laisser un bras !
Gai, je reverrais ma patrie
Avec deux jambes de *sapin.*
   Jamais d' chagrin !

Riant de l'austère sagesse,
Qui n'a que de tristes désirs,
Je veux dans ma joyeuse ivresse
Donner tous mes jours aux plaisirs,

(149)

Et du chapelet de la vie
Employer jusqu'au dernier grain.

Jamais d' chagrin , etc.

Lorsque de *descendre la garde*
Viendra le lugubre moment,
Je veux à la pâle camarde
Sur mon grabat dire gaîment :
« Cruelle , à ma gaîté chérie
« Toi-même ne peux mettre un frein ! »
Jusqu'à ma fin
Jamais d' chagrin !
Au diâble la mélancolie !
Toujours en train
C'est mon refrain.

LES COULEURS.

CHANSONNETTE.

(Juin 1823.)

Air : Entendez-vous le son de la musette.

Plus ne chantez vos flacons , vos Lisettes ,
Gais momusiens , quels étranges débats !
Vos chansonniers me semblent des gazettes
Où les partis se livrent vingt combats.

Ah ! reprenez votre gaîté première ,
Comme autrefois couronnez-vous de fleurs.
Car en fixant la trop vive lumière
Vous en voyez de toutes les couleurs.   } (*bis.*)

Pour adorer les lis si doux d'Ermance
' Faut-il haïr les roses de Suzon ?
Si nous aimons les yeux bleus de Laurence
Nous faut-il fuir les yeux noirs de Lison ?
Changeons, amis : tout change en ce bas monde.
Rien n'est plus froid que de vieilles ardeurs :
Courant ainsi de la brune à la blonde
Nous en voyons de toutes les couleurs.

Que vois-je ! encor un trône solitaire !
Et la discorde agitant ses flambeaux !
Sans les Français, ah ! les champs de l'Ibère
Ne vont offrir que de vastes tombeaux !
Vous qui voulez des rois pour vos esclaves ,
On met un frein à vos lâches fureurs :
Le drapeau blanc qui dirige nos braves
Vous en fait voir de toutes les couleurs.

Qu'a cet époux ? il gémit, il soupire :
Quoi ces messieurs se plaindront-ils toujours ?
Il sait , dit-il, le prix d'un *cachemire*
Que sa moitié porte depuis huit jours.

Pour contenter tous les goûts de ces dames
Que de rubans, de bijoux et de fleurs ! ! !
Pauvres maris, convenez que vos femmes
Vous en font voir de toutes les couleurs !

Que de la table aucun ami ne bouge,
Près d'elle on a l'esprit gai, le cœur franc :
Voyez, à *droite* on me verse du *rouge*,
Tandis qu'à *gauche* on me verse du *blanc*.
Platons nouveaux rêvez des républiques !
Amour, Bacchus sont nos législateurs :
Soumis gaîment à leurs décrets bachiques,
Nous en buvons de toutes les couleurs.

L'ORDRE DU JOUR.

Air : A soixante ans on ne doit plus remettre.

Le front paré de pampres et de roses,
Le gros Bacchus m'aborde ce matin :
Fuis, me dit-il, tous nos censeurs moroses,
Ris, chante et bois, ton bonheur est certain. (*bis.*)
Or sus, amis, que sa douce morale
Soit mise à l'ordre en ce charmant séjour.   (*bis.*)
Des sots en pleurs que le chagrin s'exhale, }
Buvons, chantons c'est à l'ordre du jour.   } (*bis.*)

Lorsque la paix vient habiter nos terres
Au lieu de sang faisons couler du vin :
Quittons, guerriers, nos larges cimeterres,
Que le cristal scintille en notre main.
Ah ! déridons nos visages sévères,
De la gaîté célébrons le retour.
Formant gaiment un faisceau de nos verres,
Trinquons, amis, c'est à l'ordre du jour.

Vous qui portez la coiffure d'un faune,
Maris trompés, courez au cabaret ;
Sommes-nous *gris*, rien ne nous paraît jaune :
Voilà pour vous un merveilleux secret.
Armez-vous donc d'un flacon diaphane
Quand vos moitiés vous joueront quelque tour ;
Bacchus put seul consoler *Ariane* :
Buvez, maris, c'est à l'ordre du jour.

Pour nous, soldats, après une bataille,
Retenons bien les ordres de Bacchus,
Assis en rond autour d'une futaille,
Versons sans haine aux malheureux vaincus.
Oui, mes amis, dans les champs de la gloire
Marchant au son du fifre et du tambour,
Renversons tout !... mais après la victoire
Soyons humains c'est à l'ordre du jour.

Qu'un orateur à discuter s'applique,
Fermons l'oreille à ses graves leçons :
Sans nous mêler de la chose publique ,
Parlons de vin , de belles , de chansons !
Sur les genoux de nos gentes maîtresses
Soyons *ultras* en leur parlant d'amour ,
Et *libéraux*.... de nos tendres caresses,
Jeunes amans, c'est à l'ordre du jour.

TROU LA LA.
RONDE BACHIQUE.

Air connu.

Laissons nos pédans , vrais sots,
Discuter sur de grands mots.
Amis, en buveurs grivois ,
Répétons à pleine voix :
    Trou la la   (*bis.*)
Trou la trou la trou la la.   } (*bis en chœur.*)

Tous ces discoureurs fameux
Laissent des vides affreux !
Avec de piquans couplets ,
Gais lurons , bouchons tous les

    Trous. la la , etc.

Foin de ces palais divers
Qui brillent dans l'univers !
Sous leurs voûtes on pâtit ;
On jouit dans un petit

    Trou. la la, etc.

Croyez-moi, *chers députés*,
Prenant plus de *libertés*,
Plus joyeux, plus francs, plus courts,
Dites-nous pour tout discours :

    Trou la la, etc.

Pourquoi parler du *budjet ?*
C'est un trop grave sujet,
Sans songer à nos impôts, .
Chantons en vidant les pots :

    Trou la la, etc.

Rose est seule en son manoir ;
Mais pour s'égayer le soir
Un jeune et joli garçon
Par elle est admis en son

    Trou. la la, etc.

J'aime les jeunes tendrons,
J'aime les jeunes lurons,

Ils sont vifs, il sont jo yeux,
Et je respecte les vieux.

    Trou la la, etc.

Rions des fats de nos jours,
Couverts d'or et de velours.
A table serrés de près
De nos habits cachons les

    Trous. la la, etc.

Quoique différent partout,
Chaque mortel a son goût ;
Le mien est assez commun
Et c'est de boire comme un

    Trou. la la, etc.

Aimons, buvons tour à tour
Sans songer au triste jour
Où, quel que soit notre rang,
Nous santerons dans *le grand*

    Trou. la la,
Trou la trou la trou la la.

LES MASQUES.

(février 1823.)

Air : De la treille de sincérité.

C'est vainement, hommes fantasques,
Que vous voulez cacher vos traits,
   Beaux masques,   } *(bis.)*
 Je vous reconnais. }

Vers le temple de la Folie,
Élancez-vous, tas de bouffons,
Le bruit des grelots vous rallie,
Couvrez-vous de brillans chiffons. *(bis.)*
Suivant tous la même marotte,
Oubliez vos noms et vos rangs ;
Mais songez-y , troupe falotte,
Tous vos masques sont transparens.

   C'est vainement, etc.

Cette timide *bergerette*
Est la maîtresse d'un acteur,
Ce fier *Marquis* traînant sa brette,
Le fils d'un noble....... décrotteur.

Sous une toque doctorale,
Je vois un servant de Bacchus ;
Sous le voile d'une *vestale*,
Une prêtresse...... de Vénus.

    C'est vainement, etc.

Céladon se déguise en Gille,
Mais son costume le trahit.
Quel est ce *juge ?* un imbécille
Qui croit à l'esprit de l'habit.
Voyez quel instinct incroyable !
Un pauvre époux, fait d'amitié,
Poursuivi par un *petit diable*,
S'écrie : Ah ! Dieu, c'est ma moitié ! ! !

    C'est vainement, etc.

Mais quelle bruyante musique !
Huché sur le sommet d'un char,
Quel est ce guerrier magnifique
Qui tranche du petit César ?
Demain il sera plus modeste.
Ce pantin qui vous éblouit :
« *Le masque tombe, l'homme reste,*
« *Et le héros s'évanouit.* »

    C'est vainement, etc.

Je voulais arracher encore
Les masques de nos *arlequins*,

Mais on les fête, on les décore,
Arrêtez, indiscrètes mains.
Sous ton masque, *divin Molière*,
Que vois-je! un indigne *Fréron*!
Puis, oh le fourbe! un *Robespierre*!
Sous le masque de *Cicéron*.

    C'est vainement, etc.

Amis, soyons joyeux, *quand même*!
En riant prolongeons le bal.
Songeons qu'un éternel carême
Doit suivre notre carnaval;
Mais sur les traits de la sagesse
Plaçons le masque de Momus,
De manière qu'à la déesse
Nos Catons chantent en chorus :

  « Minerve, en vain l'homme fantasque
  « Cherche à nous dérober vos traits;
    « *Beau masque*,
    « *Je vous reconnais.* »

LA DOUBLE IVRESSE.

Air : A jeun je suis trop philosophe.

Lise m'appelle, il faut la suivre ;
L'amour ne veut pas de retard.
Viens, dit-elle, que je t'enivre
Et de baisers et de nectar.   (*bis.*)
Mais déjà ma coupe est remplie, ·
Un doux regard vient m'enhardir :
Mon vin est pur, ma maîtresse est jolie ,   } (*bis.*)
Puis-je former quelque désir ?

Léger bouchon et fine guimpe
Loin de nous ensemble ont sauté ;
Par toi Lisette dans l'Olympe   .
Je me crois soudain transporté ! !
Les dieux savourant l'ambroisie
Eprouvent-ils plus de plaisir ?
Mon vin est pur, ma maîtresse est jolie ,
Puis-je former quelque désir ?

O vous, dont je plains la démence ,
Fiers conquérants , faites des vœux
Pour asservir un *globe* immense ;
En paix moi j'en possède *deux*.

. Le sceptre , objet de votre envie,
Ne me coûte pas un soupir :
Mon vin est pur, ma maîtresse est jolie,
Puis-je former quelque désir ?

O la plus tendre des maîtresses ,
Dans tes yeux je vois le bonheur !
Et ton Champagne et tes caresses
Redoublent ma brûlante ardeur.
Entre tes bras même j'oublie
Que l'homme ici-bas doit souffrir....
Mon vin est pur, ma maîtresse est jolie,
Puis-je former quelque désir ?

« Allons » , dit ma nymphe vermeille ,
Me voyant prendre un air rêveur,
« Voilà ma dernière bouteille ,
« Voilà... ma... dernière.... faveur !
« Verse ! verse à ta jeune amie
« Des flots de vin et de *plaisir* !... »
Mon vin est pur, ma maîtresse est jolie,
Puis-je former quelque désir ?

LE ROI DE LA FÈVE.

Air : Du carillon de Dunkerque.

Il faut, il faut, mes frères,
Au choc bruyant des verres,
Proclamer en ces lieux
Notre monarque joyeux.
} *(bis en chœur.)*

D' imposantes cohortes
Rois, défendent vos portes :
Les plaisirs et les ris
Sont ses gardiens chéris :
Il veut de joyeux bardes
Et *point de hallebardes.*

Il faut, etc.

Quoique très pacifique,
Ce souverain bachique
Fait la guerre... au chagrin
Une coupe à la main.
Écoutez sans alarmes
Le cliquetis des armes.

Il faut, etc.

Avec nous il partage
Son royal héritage ;

Chacun dans son château
A sa part au gâteau :
Ce trait, qui fait sa gloire,
Est digne de l'histoire.

    Il faut, etc.

Il hait la flatterie.
Sa devise chérie
Est : *gaité, bonne-foi.*
Auprès de notre roi
Nous obtenons nos *places*
Sans faire de *grimaces.*

    Il faut, etc.

Un bon mot qu'on répète,
Gentille chansonnette,
Voilà nos seuls impôts.
Sa charte est dans ces mots :
« *O bon peuple que j'aime,*
« *Riez, buvez, quand même !* »

    Il faut, etc.

Tout entourés d'entraves,
Et pis que des esclaves,
Dans ce monde je vois.
Des fantômes de rois.

Lui ce n'est pas un rêve
Est bien *roi*.... de la fève.

Il faut, il faut, mes frères,
Au choc bruyant des verres,
Proclamer en ces lieux
Notre monarque joyeux.

AUX FEMMES.

Air : En amour comme en amitié. *(De Colalto.)*

L'homme jaloux, impérieux,
De l'univers se croit le maître ;
Et ce tyran ambitieux,
Un seul de vos regards suffit pour le soumettre.
Pour l'entraîner à vos genoux
Que vous avez de douces armes !
Par vos vertus et par vos charmes } (*bis.*)
Ah ! vous régnez bien plus que nous. }

Sous quelles riantes couleurs
Vous peindrai-je, sexe que j'aime ?
Les parfums et l'éclat des fleurs
Voilà de la beauté le plus parfait emblème.
La femme, ange consolateur,
Du malheureux charme la vie :

Près d'une mère, d'une amie
L'homme goûte le vrai bonheur.

Vous m'enivrez, objets charmans !
Et mon ame erre à l'aventure
Dans les plis de vos vêtemens,
Dans les flots gracieux de votre chevelure ;
Près de vous mon cœur agité
Ressent une bien douce flamme !
Et je me crois, à l'aspect d'une femme,
Plus près de la divinité !

Tendres femmes, vous souriez
Même aux traits de la médisance;
Quand il vous outrage, croyez
Que l'homme en ce moment ne dit pas ce qu'il pense.
Et contre vous, sexe enchanteur,
S'il trace une amère satyre,
Ah ! je vous promets que sa lyre
N'est pas d'accord avec son cœur.

Pour vous mon luth a résonné :
A vous plaire puis-je prétendre ?
Le dieu des vers près de *Daphné*
N'eut pas pour la séduire une voix assez tendre!
L'homme qui sait le moins aimer,
Plus calme, peint mieux son ivresse :
Tel est pour vous l'excès de ma tendresse
Que je ne peux vous l'exprimer !

AH QUEL NEZ !

ou

LE NEUF OCTOBRE 1823.

Air : Trou la la.

Sommes-nous en carnaval ?
Ces messieurs vont-ils au bal ?
Comme leurs traits sont changés !
Grand Dieu ! quels nez allongés !
  Ah quel né ! *(bis.)*
Vrai j'en suis tout étonné. } *(bis.)*

Ils sont vainqueurs ces *blancs-becs*
Qu'on réclamait pour les *Grecs ,*
Et qui devaient tout de go
Aller trouver *Riego :*

  Ah quel né ! etc.

Nous étions certains là-bas
De rencontrer le trépas ;
Oui, mais dans la *Manche ,* hélàs !
Ces *messieurs* manquent de *bras.*

  Ah quel né ! etc.

Ces patriotes confus
Comptaient tous sur le *typhus :*

Mais la peste de nos jours
Ne règne qu'en leurs discours.

Ah quel né ! etc.

Non, criaient-ils, non *sandis* !
Ils ne prendront pas *Cadix* ;
Et bientôt sur ses remparts
Nous plantons nos étendards.

Ah quel né ! etc.

Cette nouvelle allongea
La longue mine à *Mina.*
Sur la face de *Wilson*
On crut voir un saucisson.

Ah quel né ! etc.

Courbés sur leur *faux miroir*
Ils conservent quelque espoir :
Au fait un tel éteignoir
Doit les empêcher d'y voir.

Ah quel né ! etc.

Plus d'un malin aujourd'hui,
Honteux d'être sans appui,
Voudrait trouver un étui
Et pour son nez et pour lui.
Ah quel né ! etc.

Comme par enchantement,
On a vu dans un moment
Nos constitutionnels
Changés en *polichinels*.
    Ah quel né !
Vrai j'en suis tout étonné.

MON DOCTEUR.

CHANSON TROUVÉE SOUS L'OREILLER D'UNE JEUNE MALADE
QUI VENAIT DE PARTIR, PAR ORDRE DE SON ESCULAPE,
POUR PRENDRE les eaux d'Enghien.

Air : Du Sénateur.

QUOIQUE plus d'un méchant fronde
Mes avis sur *mon docteur*,
Je soutiens que dans ce monde
Il n'est pas d'homme meilleur.
Ai-je le moindre embarras ?
Je m'abandonne en ses bras :
    Quel docteur !   (*bis.*)
Non rien n'est, *sur mon honneur*,   }
Plus aimable que mon docteur.   }   (*bis.*)

Il n'a, ce docteur que j'aime,
Besicles ni cheveux gris.

C'est Hippocrate lui-même,
Mais sous les traits d'Adonis ;
Quoique pétri de talens
Il ne compte pas trente ans :

  Quel docteur ! etc.

S'il parle, rien qu'à l'entendre
On éprouve un bien réel ;
Et tout ce qu'il vous fait *prendre*
Est toujours plus doux que miel :
Ses ordonnances , son air
Jamais n'offrent rien d'amer.

  Quel docteur ! etc.

Mon poulx faiblement sautille :
Mais il sait, le cher docteur,
Que le poulx de jeune fille
Bat bien moins fort que son cœur :
Ses soins au cœur agité
Rendent la tranquillité.

  Quel docteur ! etc.

Il soutient qu'un cachemire
Peut épargner bien des maux.
Quand mon faible cœur soupire
Dans un languissant repos ,

Pour chasser ce triste mal
Vite il m'ordonne.... *le bal.*

    Quel docteur! etc.

Son ton n'est jamais maussade,
Il prévient tous vos besoins;
L'autre soir j'étais malade
Grand Dieu ! que de tendres soins ! ! !
Ce beau jeune homme eût, je crois,
Passé la nuit près de moi !

    Quel docteur ! etc,

Un tel docteur, sur mon ame,
Est un phénix , un trésor !
Ah ! lorsque je serai femme
Je veux qu'il me *soigne* encor ,
Et j'entends que mon mari
Répète , *coiffé* de lui :

    « Quel docteur !
« Non rien n'est , *sur mon honneur,*
« Plus aimable que ton docteur. »

RÉFLEXIONS DE LA TULIPE

SUR

LE BONHEUR DES MARIS.

Air : faut d'la vertu, pas trop n'en faut.

MORBLEU !'qui ne serait jaloux
D' la félicité des époux.   } *(bis.)*

Je suis las d'êtr' célibataire.
Je sais qu' j'agis suivant mon goût ,
Que j' vis heureux , mais sur c'te terre
Il faut goûter un peu de tout.

     Morbleu ! etc.

Queu beau moment quand on s' marie !
On dit qu' ça n' dur' pas , mais enfin
Pour être heureux dans cette vie ,
N' faut pas songer au lendemain.

     Morbleu ! etc.

Un' fois que l'hymen vous engage
C'est alors qu'on peut s'en donner !
A chaque instant dans votr' ménage
Vos p'tit's femm's vous envoy'nt prom'ner.

     Morbleu ! etc.

Voulant éviter tout reproche,
Monsieur fil' sans souffler le mot,
Et prend pour son mouchoir de poche
La couche du petit marmot.

    Morbleu! etc.

« J' veux un' toque, j' veux un cach'mire,
« J' veux d' perles couvrir mes cheveux. »
La raison parle, il faut souscrire
Dès que madame a dit : Je veux !

    Morbleu ! etc.

C'est là qu'ils auraient d' quoi médire
Tous nos philosophes profonds,
S'il leur fallait voir sans mot dire
Leur bien se changer en chiffons.

    Morbleu! etc.

La tendre femme qui vous aime
A pour vous mill' soins prévenans.
La pauvre p'tit' vous épargn' même
La peine de fair' vos enfants.

    Morbleu ! etc.

On dit qu'un époux, est-c' croyable ?
Quoique d' son malheur convaincu,

Est obligé d' voir à sa table
L' damoiseau qui l'a fait c...

     Morbleu ! etc.

Madam' queuqu'fois tempète, gronde,
Enfin c'est pis qu'un Lucifer :
Ça vous accoutum' dans c' bas monde
Aux petits tracas de l'enfer.

     Morbleu ! etc.

Un' femm' dans son ardeur extrême,
N' pouvant s' résoudre à vous quitter,
De l'autre mond' reviendrait même.....
Pour l' plaisir de vous tourmenter.

     Morbleu , etc.

Par cette image séduisante,
Ah ! Latulipe est entraîné !
La premièr' bonn' femme qui s' présente,
J' vous li flanqu' ma *main* par le né.
Morbleu ! qui ne serait jaloux
D' la félicité des époux !

             LATULIPE.

LATULIPE FRANÇAIS

ET TROUBADOUR.

COUPLETS GRIVOIS A L'OCCASION DU RETOUR DE S. A. R.
MONSEIGNEUR LE DUC D'ANGOULÊME.

(décembre 1823.)

Air : Il nous faudra quitter l'Empire.

ALLONS, faut prouver, *Latulipe*,
Que t'es Français et troubadour.
Peux-tu t' dispenser, nom d'un' pipe !
De célébrer un si beau jour ?
Poètes, que Phœbus inspire,
Faut qu' j'aie un *front* pour marcher sur vos   pas,
Car je sais ben c' que c'est qu'un' lyre,
Mais par malheur je n'en *pinc'* pas. (*bis.*)

C'est z'égal ! l' transport qui m'anime
Va m'inspirer une chanson.
J' n'ai jamais *fréquenté* la rime,
Mais je sais qu' *bon* rime à *Bourbon.*
Je n'ai jamais r'*cruté* zun' place
Où les neuf pucell's font la loi :
L'Hyppocrène n' vaut rien pour moi,

Pourtant chaqu' jour au *mont Parnasse*
J' vais chanter et boire à mon Roi.

En c' beau jour, j'dis que j' somm's solides !
Un' tonn' chacun n' nous gris'rait pas.
On dirait qu' nos brav's Invalides
Ont r'trouvé leurs jamb's et leurs bras.
Ces vieux amis, dont la vie est sans taches,
Eux que la Gloire a mis sur son *cal'pin* ,
Sembl' rajeunir à ce joyeux festin ;
Et j' vois briller sur leur vieilles moustaches ,
Des larmes d' joie et des gouttes de vin ! !

Messieurs l'*zoiseaux de mauvaise augure*,
Vous n'êtes pas sorciers , vraiment !
Ils ont fait un' triste figure
Ces soldats que vous vantiez tant.
Fameux lurons , qu' pour de l'or on embauche,
A la course , sur mon honneur ,
Chacun de vous aurait été vainqueur :
Vous nous avez prouvé qu', *la gauche*
N'est pas toujours l' *côté du cœur*.

Vous, que j' crois atteints de folie ,
Courez chez le noir Africain ,
Jouer encor queuqu' targédie
Avec votr' *drapeau d'Arlequin*.

Auprès des lis fiers de combattre,
Nous nous rapp'lons au champ d'honneur
Qu' jadis, pour vaincre le ligueur,
Le Béarnais, notre bon *Henri-Quatre*,
N'a jamais connu qu'*un' couleur*.

Si ce héros, l'orgueil de la patrie,
Nous eût fait sign' d'aller le r'joindre là-bas,
Pour augmenter sa *bonne compagnie*
Ah ! ventrebleu ! comme j'aurions *doublé l'pas !*
J' pensions qu' les journaux voulaient rire
Quand ils disiont : « Il est à *Santona*,
» Au *Trocadère*, à la *Bidassoa*. »
La main sur l' cœur on nous entendait dire :
» Comment qu' ça s' fait ? Ii n'est pas sorti d' là. »

Pas d' chagrin, et que chacun sable
Et le Champagne, et le Bordeaux :
Aux enn'mis, aux bell's, à la table,
Un Français ne tourn' jamais l' dos.
Mon appétit, ma soif ne sont pas minces,
Et, qu'il soit d' Surène ou de Chablis,
J' vide un flacon, mes chers amis,
A chaqu' bienfait que font nos princes ;
Voilà pourquoi j' suis toujours *gris !*

Chacun m' dira : V'là des couplets ben fades ;
Ça m'est *zégal*, je n'y veux rien changer ;

Vous savez, mes chers camarades ,
Que j' n'ai pas l'*esprit d' Bérenger.*
Ah ! si notr' bon *duc d'Angouléme ,*
A la santé duquel je boi ,
Pouvait m'entendre , il dirait : « Jarnigoi !
» V'là z'*un lapin* qui m' révère et qui m'aime. »
Je lui répondrais : « Tiens, vous pensez comm' moi !
» Ça part du cœur ! et viv' le Roi ! ! »

LATULIPE , guernadier.

LE DRAPEAU FRANÇAIS.

(Décembre 1823.)

Air : Du vaud. de la Somnambule.

Nos victorieuses phalanges
Reviennent chercher le repos.
La paix sur les ailes des anges
Plane au-dessus de leur drapeau.
A la gaîté que chacun s'abandonne ;
Comme naguère un funeste cyprès
Ne compose pas la couronne
Qui pare *le drapeau français.*   (*bis.*)

Le drapeau qui guidait Turenne ,
Villars , Condé , le bon Henri ,

Factieux, malgré votre haine
Ne peut jamais être flétri ;
Un nouveau laurier le décore
Ce vieux garant de nos succès :
Ah ! pouvez-vous douter encore
Que ce soit *le drapeau français!*

Novateurs, qu'un faux zèle anime,
De l'honneur écoutez la voix,
Et d'un monarque légitime
N'osez plus violer les droits.
Songez que l'appui de son trône
Est un des fils du Béarnais !
Et qu'il lui rendit sa couronne
A l'ombre du drapeau français !

Séditieuses oriflammes,
Humides de sang et de pleurs,
Vous flottiez au milieu des flammes !
Le méchant seul regrette vos couleurs.
Ah ! cette fois protégés par nos armes,
Les Espagnols, soupirant pour la paix,
Prenaient pour essuyer leurs larmes,
Un coin de l'*étendard français ! !*

Quand nos soldats étaient loin de la France,
Faisant des vœux pour leur retour,

Par la crainte et par l'espérance
Nous étions guidés tour à tour.
Notre ame n'est plus incertaine,
Chers amis, buvons à long traits
Au bon prince qui nous ramène
La gloire et les drapeaux français !

LE CRÉATEUR ET LA CRÉATURE.

Air : Un soir après mainte folie. (*De Françoise de Foix.*)

Amis, dans un tendre délire,
Quand je célèbre la beauté,
Je ne puis croire que ma lyre
Outrage la Divinité.
Le chef-d'œuvre de la nature
N'est-il pas ce sexe enchanteur ?
Aux genoux de sa créature,   (*bis.*)
Moi, j'adore le Créateur.   (*bis.*)

Femmes, c'est un Dieu qui colore
Votre teint et l'azur des cieux ;
Ce Dieu puissant anime encore
L'astre du jour, et vos beaux yeux ;
C'est lui qui, sur votre figure,
Met tant de grâces, de douceur :

Plus on aime la créature,
Plus on aime le Créateur.

Savant *Gérard*, l'ame ravie,
D'un pinceau je te vois armé ;
Mais tu ne peux donner la vie
A ton ouvrage inanimé.
J'admire sur cette peinture
L'art d'un habile imitateur :
Sur les traits de la créature
Je reconnais le Créateur.

Ne trouve-t-on l'Être suprême
Que sous la voûte du saint lieu ?
Dans les bras de celle que j'aime,
Plus que jamais je crois un Dieu.
Quelle volupté douce et pure !
J'adore le Dieu du bonheur !
A l'amour de la créature
Se joint l'amour du Créateur.

Fuyant les plaisirs de votre âge,
Pauvres humains, qui vous cloîtrez !
Eh quoi ! vous méprisez l'ouvrage
De celui que vous adorez.
Mais, sous votre robe de bure
L'amour fait battre votre cœur :

Vous songez à la créature
Si vous songez au Créateur.

Vous, dont les vertus et les grâces
Nous font oublier nos malheurs,
Que j'aime à marcher sur vos traces,
On y moissonne tant de fleurs !
Auprès de vous l'ame s'épure,
Vous nous rappellez notre auteur :
Plus on aime la créature,
Plus on aime le Créateur.

LES MANTEAUX.

Air : Ah ! que jamais le chagrin ne m'approche.

Eh quoi ! toujours les modes étrangères
Vous séduiront, mirliflors sémillans ?
Quoi vous quittez vos parures légères
Pour les manteaux des sombres Castillans ! (*bis.*)
Courez-vous donc jouer des tragédies ?
On vous prendrait presque pour des *héros :* (*bis.*)
Fats orgueilleux, pour cacher vos folies } (*bis.*)
Il est bien temps de prendre des manteaux. }

Quelles sont donc ces belles en *pelisse*
Qui font à tous le plus sévère accueil ?

Quelles vertus!... mais du séjour du vice
Mon œil surpris les voit franchir le seuil !
Laïs, *Phrynés*, d'où naissent vos alarmes ?
Craindriez-vous des amoureux assauts ?
Quand *l'univers* fut témoin de vos charmes,
Il est bien temps de prendre des manteaux !

Non loin des lieux où règne *Melpomène*
Des baladins, tristes imitateurs,
Cothurne au pied, sous la toge romaine,
Vont, chaque soir, rêver qu'ils sont acteurs.
Lorsqu'en singeant *César, Achille, Oreste,*
Ils font gémir leurs fragiles tréteaux
Crions-leur tous : « Reprenez votre veste :
« Il est bien temps de prendre des manteaux !

Vous qui, vivant d'une lâche industrie,
Vendez vos bras au dernier souverain,
Sous vos manteaux couverts de broderie,
Inclinez-vous ! Courbez vos fronts d'airain ;
Vils intrigans, rouges et blancs panaches
Ont tour à tour flotté sur vos chapeaux :
De vos habits pour nous cacher les *taches*
Il est bien temps de prendre des manteaux !

Jeunes beautés, pourquoi sous tant de voiles
Ensevelir vos grâces, vos attraits ?

16

Avec chagrin sur le front des étoiles
Ne voit-on pas les nuages épais?
Mais ici-bas quelles métamorphoses!
Le gai printemps paraît sur nos côteaux;
Et le zéphir, pour nous montrer *des roses*,
Va soulever le coin de vos manteaux.

PARIS.

CHANSON ADRESSÉE A MES AMIS DE ROUEN.

Air : De la Treille de sincérité.

PARIS
Dit-on , ce beau jeune homme
Adjugea la pomme à Cypris :
   Je donne la pomme
     A *Páris.*   } *(bis.)*

Antique et féconde Neustrie,
J'ai visité tes bords rians,
J'ai vu les arts et l'industrie
Animer tes joyeux enfans :   *(bis.)*
Loin de toi le devoir m'entraîne,
Séjour vraiment délicieux.
Des cités j'ai revu la reine
Et tu disparais à mes yeux.

    Pâris , etc.

(183)

Bons Neustriens je me rappelle
De votre franche urbanité ;
Parmi vous plus d'une chapelle
Est consacrée à la gaîté :
Mais trop graves dans votre ivresse
Tous vos jeux sont de *mauvais ton* :
R approchez-vous, comme Lutèce,
L' Académie.... et Charenton.

   Pâris, etc.

La constance est votre folie (1),
Nous traitons tout légèrement :
Loin de nous la sotte manie
De s'aimer éternellement.
L'époux , sans craindre qu'on l'en blâme,
Dans votre drôle de pays ,
Ose être amoureux.... de sa femme :
Que vous êtes loin de Paris !

   Pâris, etc.

Corneille a des droits sur vos ames
Quand il succombe en nos faubourgs
Sous le poids des lourds mélodrames
Et des sublimes calembourgs !

(1) Je ne prétends pas dire que tous les Normands en sont atteints.

(184)

A nos acteurs , petits prodiges ,
Vous n'élevez pas un autel !
Du : *Guernadier que tu m'affliges*
Vous ne goûtez pas tout le sel.

Pâris , etc.

Lorsqu'en vos paisibles retraites
Règnent le silence et l'amour,
Le bruit des chars et des charrettes
Ici nous trouble nuit et jour :
Mais notre oreille délicate ,
Grâce à ce tintamarre affreux,
N'entend pas le sot qui nous flatte
Ni les plaintes des malheureux.

Pâris , etc.

De petits auteurs romanesques
Qui singent nos grands écrivains,
Puis des monumens gigantesques
Où l'on voit circuler des nains ,
Des foux rêvant l'ancienne Rome ,
D'autres couverts de parchemins :
Voilà Paris ! pour lui la pomme
Malgré moi m'échappe des mains !

Pâris
Dit-on , ce beau jeune homme

Adjugea la pomme à Cypris :
Je donne la pomme
A Paris. ,

N'OUBLIEZ PAS LA FILLE.

HISTORIETTE.

Air : De l'Angelus. *(De Romagnesi.)*

GRAND Dieu ! qu'il en faut endurer
Quand on est servante d'auberge !
Mes soins ne peuvent rien tirer
De tous ceux qu'ici l'on héberge ;   (*bis.*)
Je me donne du mouvement
Sans gagner la moindre vétille,
Et je répète vainement :
Messieurs , n'oubliez pas la fille.   (*bis.*)

Je vais comme un moulin à vent
Dans cette maudite galère :
Si l'un m'occupe par devant ,
L'autre me tire par derrière.
Vous voyez son empressement ;
Auprès d'un brave et galant drille
La fille *s'oublie* aisément :
Messieurs , n'oubliez pas la fille.

A deux Anglais je cours offrir
Un *abricot*, deux belles *pommes ;*
Ils me disent : « Pour nous servir,
» Le fille, envoyez-nous des hommes. »
Jacque y monte. Dieu ! quel soupçon !
Entre ses mains un ducat brille :
Quoi ! vous donnez pour le garçon ! !
Messieurs, n'oubliez pas la fille.

Depuis quelques jours, plus humains,
A mes vœux ils daignent souscrire ;
A force d'y mettre les mains
Ils ont gâté ma *tirelire.*
Par les cadeaux de nos Crésus
Ah ! *Marton* te voilà gentille !
Je promets de ne dire plus :
Messieurs, n'oubliez pas la fille.

LAURETTE.

ROMANCE.

Tout renaît au sein des campagnes.
Loin de ses heureuses compagnes,
La pauvre Laure en fixant nos
Montagnes

Fait redire aux tristes échos
        Ces mots :

« C'est dans cette verte retraite
» Que l'ingrat que ton cœur regrette
» Chaque jour calmait tes douleurs,
        » Laurette,
» Quand l'aurore baignait de pleurs
        » Les fleurs.

» Sur ce frais tapis de verdure,
» Paré par la simple nature,
» Où le ruisseau, mon seul miroir,
        » Murmure,
» C'est là qu'il venait chaque soir
        » S'asseoir.

» Hélas ! je crois encore l'entendre
» Me répéter d'une voix tendre,
» Quand il venait dans ces bosquets
        » M'attendre :
» Qui, moi ? Laure, je t'oublierais !
        » Jamais !

» A l'ombre de cette tonnelle,
» Me montrant une tourterelle,
» Il me jurait d'être constant
        » Comme elle :

» Envain sa bergère pourtant
  » L'attend !

» Comme la plaintive colombe
» A ma douleur quand je succombe !
» A l'ingrat découvrira-t-on
  » Ma tombe ?
» Comment graver sur le gazon
  » Mon nom ! »

La gémissante pastourelle
Tombe comme une fleur nouvelle
Qu'un souffle impur vient de flétrir :
  Près d'elle
On entend le triste zéphir
  Gémir !

LA CRÉATION D'ÈVE,

ET LA CHUTE DU PREMIER HOMME.

(POT POURRI.)

Air : Du vaudeville de Lantara.

La terre, les cieux et l'onde
  Roulaient dans l'immensité,
Le Divin auteur du monde
  Les fixait avec bonté.

« Remettons nous à l'ouvrage ,
» Dit le Souverain des cieux ,
» J'ai fait l'homme à mon image ;
» Tachons de faire encor mieux. »   (bis.)

Air : De Julie.

Dieu le veut : A sa voix sublime
La charmante Ève voit le jour ;
Et sa divine s'imprime
Sur son joli corps fait au tour.
Mais , voulant qu'elle soit parfaite ,
Notre tout-puissant Créateur ,
Met tant de vertus dans son cœur } (bis.)
Qu'il n'en reste plus pour sa tête. }

Air : Restez , restez , troupe jolie.

Vous savez que rien n'embarrasse
Le maître de notre destin ,
Il fait un signe et sur sa trace
Paraît un gentil chérubin.   (bis.)
Sur la tête d'Ève il copie
Les traits de cet être enchanté ,
Pour que la beauté soit unie } (bis.)
      A la bonté. (bis.)   }

Air : On dit que je suis sans malice.

L'ange qui fut choisi , pour cause ,
Avait un teint plus frais que rose ,

Un front modeste et gracieux ,
Et surtout les plus jolis yeux.
Ce fut sur ce charmant modèle
Que Dieu façonna la plus belle ;
Il lui fit même des appas
Que le chérubin n'avait pas.   (*bis.*)

Air : Des Visitandines.

Dieu sur cette idole chérie
Verse tous les dons à la fois ;
Il met dans sa bouche jolie
Une douce et touchante *voix.*
« Pour doubler l'éclat de ses charmes,
» Dieu dit, quand Ève le voudra ,
» *Sa belle bouche sourira,*
» *Ses beaux yeux verseront des larmes.*   } (*bis.*)

Air : Du haut en bas.

» Tu régneras ,
» L'univers voilà ton empire.
» Tu régneras ,
» Pour entraîner tout sur tes pas
» Tu n'auras qu'un seul mot à dire.
» Par un regard , par un sourire
» Tu régneras.

Air : Le Luth galant qui chanta les amours.

» Tu berceras l'homme en ses premiers jours,
» Dans la saison de ses jeunes amours ;
» Et faible, languissant, à sa dernière aurore
» Tes délicates mains le berceront encore,
    » Le berceront toujours. » (*bis.*)

Air : Du vaudeville de l'Écu de six francs.

« Vois-tu cet être sur la terre
» Qui repose paisiblement ?
» Voilà celui dont tu dois faire
» Les délices et le tourment.   (*bis.*)
» Réveille-le, sémillante Ève ;
» Tandis qu'en un songe flatteur
» Il goûte plaisir et bonheur,
» Va, cours réaliser son rêve. »   } (*bis.*)

Air : Au sein d'une fleur tour à tour.

» Adam, sors des bras du sommeil,
» Dit Ève ;... mais son cœur soupire !
» Ah ! charmons son heureux réveil
» Par un baiser, par un sourire. »
Tour à tour des bras du sommeil
Le même charme nous retire,
Et l'homme à son premier réveil
Voit une femme lui sourire.   (*bis.*)

Aux doux accens qu'il vient d'entendre,
Adam s'éveille sans effort ;
Mais mon luth n'est pas assez tendre
Pour bien exprimer son transport.   (*bis.*)
Ses yeux, que le plaisir enflamme,
Fixent cet objet enchanteur,
Et ces mots partent de son cœur :
« C'est un ange ! c'est une femme ! »   (*ter.*)

Mais, dit le grand père des hommes,
« Que vois-je ?. . ô ciel ! je suis perdu !
» — Qui t'alarme ? — Ces belles pommes,
» Sont pour moi du *fruit défendu !* »
Sa compagne déjà savante
Lui répond : « Trève à tes hélas !
» Et puisque ce fruit-là te tente,
» Jette les yeux un peu plus bas. »   (*ter.*)

Plus bas *l'arbre de la science*
Lui semble encor plus séduisant ;
Adam dévore tout d'avance :
Faut-il qu'un homme soit friand !
Chaque instant double son envie ;
Pourquoi ? je ne m'en doute pas ;

Il répète : « *l'arbre de vie*
» Est à croquer du haut en bas. » (*ter.*)

Air : Il me faudrait quitter l'Empire.

C'en est fait ! sa main indiscrette
Du *beau fruit* vient de se saisir.
Un instant sa bouche est muette
Et de douleur et de plaisir.   (*bis.*)
« Eh quoi ? reprend notre première mère,
» Voulant ranimer l'entretien,
» Mon avis n'est-il pas le tien ?
» Si c'est le mal que nous venons de faire
» Ah ! mon ami ! que le mal fait de bien !!! »(*bis.*)

Air : Des Fraises.

Leur gourmandise en ce jour
   Cause nos infortunes :
Dieu nous maudit sans retour,
Et ma foi ce n'est pas pour
   Des prunes.   (*ter.*)

Air : Depuis long-temps j'aimais Adèle.

Mais de perdre sa créature
L'Éternel n'eut pas le dessein ;
Il dit : « Qu'à l'homme la nature
» Offre les trésors de son sein ,

17

» Sur cette terre où la souffrance
» A chaque instant va l'accabler,
» Amitié , plaisir, espérance,
» C'est à vous de le consoler. »   (*bis.*)

AUX FILLES D'ÈVE.

Air : Du vaudeville de Philibert marié.

L'homme damné pour vous, Mesdames,
Conserve l'espoir le plus doux,
C'est un jour, au milieu des flammes,
De *brûler* encor près de vous.
Ah ! si des demeures sacrées
Pour toujours nous sommes bannis,
Dans vos bras, femmes adorées } (*bis.*)
Nous retrouvons le *paradis.* }

LE VIN ET LES CHANSONNETTES.

RONDE DE TABLE.

Air : De la Boulangère.

Que des astronomes savans
Observent les planètes,
Amis , lorgnons en bons vivans
Ces vermeilles burettes,

Et terminons ce gai festin
  Avec des chansonnettes,
        Du vin,
  Avec des chansonnettes.

Loin de nous ces froids buveurs d'eau !
  Oh ! les tristes mazettes !
Le vin féconde le cerveau,
  Il rend nos voix plus nettes.
Déclarons la guerre au chagrin

      Avec, etc.

Abordez-moi le verre en main
  Vos gentes bergerettes,
Et dans un bachique refrain
  Chantez vos amourettes :
On ne soupire pas en vain

      Avec, etc.

Suivez nos pas, joyeux tendrons,
  Loin de vos maisonnettes,
Quittez avec de francs lurons
Vos fichus, vos cornettes :
Nous brûlons de vous mettre... en train

      Avec, etc.

Moi qui suis gai dès le matin,
  Qu'un docteur en lunettes

Ne vienne jamais en latin
  Me conter des sornettes :
Je me passe de médecin

    Avec, etc.

Je bois, je chante et fais l'amour
  Sans songer à mes dettes ;
Puis de solder quand vient le jour,
  A défaut de sonnettes,
Je paye un créancier mutin

    Avec, etc.

Tant que nous aurons ici-bas
  Quelques vieilles feuillettes,
Et que nous verrons sur nos pas
Quelques jeunes fillettes,
  Amis, mettons-nous en chemin
Avec des chansonnettes,
    Du vin,
Avec des chansonnettes.

LA FILLE

QUI A PEUR DES ENFANS.

HISTORIETTE.

Air : Du vaudeville de monsieur Sans-Gêne.

MA mère m'appelle sauvage ,
Et ne peut concevoir la peur
Que me fait un homme à mon âge ;
Ah ! combien elle est dans l'erreur !
Pauvres fillettes que nous sommes ,
Qu'on juge mal nos sentimens !
Mon Dieu , je n'ai pas peur des hommes :
   J'ai peur des enfans ! ! !   (*4 fois.*)

Non, contre eux rien ne me rassure :
J'en connais un qu'on nomme *amour*,
Quand il vous fait une blessure,
Certe il y paraît plus d'un jour.
Ce Dieu dont tout sent la puissance,
Qui nous cause tant de tourmens ,
Est pourtant faible et dans l'enfance....
   J'ai peur des enfans !

Paul m'amène son petit frère ;
Moi je ne l'aime pas du tout :

Il est imprudent, téméraire,
Le coquin se fourre partout.
Il pleure! ah! voyez sa furie!
De chez moi, sans perdre de tems,
Retirez-le je vous en prie!!
 J'ai peur des enfans!

Jugez de ma peine secrète:
A mon insu je crois vraiment,
Que dans le fond de ma chambrette
S'est glissé petit garnement!
Seule, que devenir? que faire?
Car j'appelle envain les absens.
Je ne vois rien venir!... ma mère!
 J'ai peur des enfans!!!

· SI TU VOULAIS.

ROMANCE.

Air : Il est minuit. (*De Nadermann.*)

Si tu voulais!...
 Le zéphir te caresse,
Si tu voulais, ah! je l'imiterais!
Un seul baiser me cause tant d'ivresse
De quel bonheur alors je jouirais,
 Si tu voulais! (*4 fois.*)

   Si tu voulais !....
     Mais le devoir m'enchaîne !
Il faut céler mes amoureux secrets.
Ne t'ai point dit que je porte ta chaîne ;
Mais chaque jour tu le devinerais
     Si tu voulais !

     Si tu voulais !
   Lorsqu'avec toi je danse
Sous les berceaux de nos bocages frais ,
Autour de nous , quand tout est en cadence,
Par un regard tu me consolerais
     Si tu voulais !

     Si tu voulais !
   La modeste demeure
Où chaque jour je rêve à tes attraits,
Où , seul hélas! je soupire à toute heure ,
Serait pour moi plus belle qu'un palais
     Si tu voulais !

     Si tu voulais !
   De plus d'une satire
Contre l'hymen j'ai dirigé les traits ;
Pour posséder le seul bien où j'aspire
A ses autels demain je volerais
     Si tu voulais !

POURQUOI RIEZ-VOUS?

POURQUOI NE RIEZ-VOUS PAS ?

Air : Du vaudeville des deux Edmonds.

Loin de songer à l'étiquette ,
Pauvres en buvant la piquette
Et mangeant une soupe aux choux
    Pourquoi riez-vous ?   (*bis.*)
Fiers favoris de la fortune ,
Que son vif éclat importune ,
Dans vos magnifiques repas
    Pourquoi ne riez-vous pas ?   (*bis.*)

En voyant le front de Thalie
Barbouillé de boue et de lie
Quels éclats ! vous vous pâmez tous !
  .Pourquoi riez-vous ?
Témoins de mainte œuvre tragique
(Pour ne pas dire léthargique)
Au lieu de pousser des hélas ,
    Pourquoi ne riez-vous pas ?

Femmes, qui n'avez pour parure
Que le lin , la modeste bure ,

Des fleurs, des rubans pour bijoux,
     Pourquoi riez-vous ?
Vous qu'en un palais on entraîne,
Que le sort fit princesse ou reine,
Sous l'or qui couvre vos appas
     Pourquoi ne riez-vous pas ?

Méchants, vous dites : « Mille entraves
  » Là bas arrêteront nos braves ;
  » En Espagne ils périront tous ! »
     Pourquoi riez-vous ?
Mais non, ces fils de la victoire,
Couverts des lauriers de la gloire,
Sont de retour en nos climats :
     Pourquoi ne riez-vous pas ?

Tout en enfilant vos aiguilles
Répondez-moi, petites filles,
Quand on vous parle d'un époux
     Pourquoi riez-vous ?
Et lorsque l'hymen vous engage,
Quand vous jurez, selon l'usage,
Fidélité jusqu'au trépas
     Pourquoi ne riez-vous pas ?

Un baiser de celle qu'on aime
Est pour le cœur un bien suprême ;

Songeant à ce baiser si doux
　　Pourquoi riez-vous ?
Lorsque votre aimable maîtresse
Vous rend caresse pour caresse ,
Ivres de plaisir dans ses bras ,
　　Pourquoi ne riez-vous-pas ?

Gais lurons , que Bacchus appelle
Dans une joyeuse chapelle ,
Au bruit des tins tins , des glous glous
　　. Pourquoi riez-vous ?
Et vous , dont l'esprit frénétique
Se consacre à la politique ,
De vos pitoyables débats
　　Pourquoi ne riez-vous pas ?

ÉLOGE DE LA DANSE.

RONDE A DANSER.

Air : Du vaudeville du Bouquet du Roi.

CÉLÉBRONS en ce séjour
　　La puissance
　　De la danse
Et répétons tour-à-tour :
Vive la danse et l'amour !

Voyez aux bals de Cythère
Ces quadrilles amoureux :
Ah ! le bonheur sur la terre
Est d'aller *en avant deux*.

    Célébrons, etc.

Fillette baille et soupire
Aux sots compliments d'un fat ;
Mais pour la faire sourire
Parlez de la *queue du chat*.

    Célébrons , etc.

Quand vient la triste vieilless e,
On chancèle , on tremble , hélas !
Dans la bouillante jeunesse
Doit-on craindre *les faux pas ?*

    Célébrons, etc.

Le berger, le patriarche,
Jadis dansaient dans *Sion;*
Le bon *David* devant l'Arche
A pincé son *rigaudon*.

    Célébrons , etc.

Mais, ce point n'est pas un rêve,
Dans son jardin plein d'appas,

Adam près de sa chère *Eve*
A formé *le premier pas.*

    Célébrons, etc.

Le plaisir bat la mesure,
Sautez mortels ! en avant !
Par lui tout dans la nature
Suit les lois du *mouvement.*

    Célébrons, etc.

Près de bergères gentilles
Soyons plus vifs que l'éclair,
Car il faut, pour plaire aux filles,
Garçons, toujours être en l'air.

    Célébrons, etc.

D'avoir vos grâces, mesdames,
Nous serions envain jaloux :
Nous savons trop que les femmes
Sont plus *légères* que nous.

    Célébrons, etc.

Le Français aux bords du *Tage,*
Malgré monsieur *Riégo,*
Aux belles de ce rivage
Fait danser le *Fandango.*

    Célébrons, etc..

Mais ma ronde se termine :
Avant de se reposer,
Que chacun de sa voisine
Otienne un triple baiser.

Célébrons en ce séjour
La puissance
De la danse
Et répétons tour à tour :
Vive la danse et l'amour.

LE PALAIS ET LA CHAUMIÈRE.

COUPLETS CHANTÉS PAR DEUX JEUNES DEMOISELLES A

S. A. R. MADAME, DUCHESSE D'ANGOULÊME,

Le 31 décembre 1824.

Air : Muse des bois et des accords champêtres.

Un nouvel an revient pour la tendresse
L'autre nous fuit, et nous fuit pour toujours !
Grâce à vos soins, magnanime princesse,
Que de bienfaits en ont marqué le cours !
Quand du soleil la féconde lumière
De ce beau jour va dessiner les traits,
On vous bénit sous la pauvre chaumière,
On vous bénit dans ce brillant palais. (*bis.*)

18

La mère dit : « Mon fils, c'est à son zèle
» Que ton enfance a dû des jours heureux ;
» Notre humble toît fut relevé par elle
» Tu dois la vie à ses soins généreux. »
En ce moment la France toute entière
Forme avec moi de semblables souhaits :
Je suis l'écho de la pauvre chaumière
Qui retentit jusqu'en votre palais.

Près d'un Bourbon on vit naître un orage ;
Votre époux vole ! et le héros vainqueur
Nous a prouvé, par son noble courage,
Que la bonté n'exclut par la valeur.
Après avoir pacifié l'*Ibère*,
Nous ramenant la victoire et la paix,
Le preux soldat a revu sa chaumière,
Le fils des rois a revu son palais.

Dieu juste et bon, en qui chacun espère,
Entends les vœux de deux jeunes enfans !
Conserve-nous notre ange tutélaire
Et que toujours les lys soient triomphans.
Daigne exaucer votre ardente prière !
Quand chaque jour la mère des Français
De son palais veille sur la chaumière,
Du haut des cieux veille sur son palais.

LE CHAR DE LA VIE.

Air : Du vaudeville des Gardes marines

CHŒUR.

En chantant, joyeux troubadours , *(bis.)*
Pour que jamais il ne dévie ,
Attelons au char de la vie
Et les plaisirs et les amours.   *(ter.)*

N'envions par ces chars pompeux
Que Plutus lance sur l'arène ;
C'est l'ambition qui les traîne ,
Les soucis voltigent près d'eux.
Couverts de fleurs et de feuillage
Le nôtre roule doucement
Et le bonheur en souriant   } *(bis.)*
Dirige l'équipage.

    En chantant , etc.

Arrête , gentil conducteur ,
J'aperçois jeune pèlerine.
Ah ! de la rose purpurine
Son gai minois a la fraîcheur !

Fais-la monter. Dieu sa main tremble !
Des pleurs mouillent ses yeux si doux.
Timide enfant, rassurez-vous ;
Et.... voyageons ensemble !

    En chantant, etc.

Mais auprès du fils de Vénus
S'est placé le Dieu de la treille ;
Ses mains d'une grappe vermeille
Nous expriment le divin jus.
Autour de nous quel cercle aimable !
Le char n'est-il pas arrêté ?
Non. C'est charmant en vérité !
Nous voyageons à table.

    En chantant, etc.

D'amour s'amortissent les feux ;
Tu disparais, trop chére idole !
Est-ce la poussière qui vole
Qui vient de blanchir nos cheveux ?
Le soir paraît !... ah ! de l'aurore
Il nous retrace les rayons !
Bacchus nous ranime !... Espérons.
Notre char roule encore.

    En chantant, etc.

Mais un souffle éteint un flambeau !
Du char il nous faudra descendre !

Amitié , porte notre cendre
Au pied d'un fertile côteau.
Disparus sous l'herbe légère,
Parmi les fleurs nous renaîtrons :
Heureux destin ! nous parerons
Le sein d'une bergère !

En chantant, joyeux troubadours,
Pour que jamais il ne dévie ,
Attelons au char de la vie
Et les plaisirs et les amours.

FIN.

ERRATA.

Page 7, ligne 14, au lieu de *doux combats*, lisez *gais combats*.

Page 7, ligne 15, au lieu de *sont si gais encore*, lisez : *sont si doux encore*.

Page 39, ligne 1, au lieu de *célebrerai-je*, lisez : *célébrerais-je*.

Page 40, ligne 2, au lieu de *devraient nous le rendre haïssable*, lisez : *devraient le rendre haïssable*.

Page 45, ligne 8, au lieu de *on a vu le jour*, lisez : *ont vu le jour*.

Page 46, ligne 20, au lieu de *touchant*, lisez *touchante*.

Page 57, ligne 5, au lieu de *tous est chez nous*, lisez : *tout est chez nous*.

Page 91, ligne 16, au lieu de *vous vous n' bougez pas*, lisez : *vous n' vous bougez pas*.

Page 174, ligne 12, au lieu de *de mauvaise augure*, lisez : *d' mauvais augure*.

TABLE.

FIN DE LA TABLE.

puis fut disgracié à Constantinople, et mourut dans l'exil. — R. 1010 à 1081.

ARIADNE, épouse de l'empereur Zénon, se livrait à la débauche à l'insçu de son mari. Pour éviter son ressentiment, elle fit courir le bruit qu'il était mort dans une attaque d'épilepsie, le fit enfermer dans un tombeau, où ce malheureux expira de rage et de faim. Quarante jours après elle épousa Anastase son amant. — 5ᵉ et 6ᵉ siècles.

ARIARATHE II, roi de Cappadoce, fut vaincu par Perdiccas, qui le fit crucifier avec ses enfans et ses principaux officiers, à l'âge de 81 ans, 321 av. J.-C. Un seul de ses fils, Ariarathe III, échappa au supplice et ressaisit la couronne, vers l'an 300 av. J.-C. — On compte dix rois de Cappadoce du même nom, dont les règnes ont été constamment troublés par des guerres, des conspirations, que la politique romaine y entretenait. La plupart ne sont pas morts sur le trône.

ARIBERT, roi des Lombards, fut un prince féroce, dont les cruautés sans nombre ont été ou déguisées, ou transformées en actes de vertus par la reconnaissance du clergé, qu'il combla de richesses. Ayant lâchement fui dans une bataille contre les Bavarois, il fut chassé par les Lombards. Il voulut se réfugier en France ; mais, voulant passer le Tésin à la nage, il était si chargé d'or que le poids de ce métal l'entraîna au fond. — R. 702 à 736. — Il y eut plusieurs autres princes de ce nom.

ARIMAZE, souverain d'une partie de la Sogdiane, s'enferma dans un fort qu'il croyait inaccessible, et demanda à Alexandre-le-Grand, qui le sommait de se rendre, si les Macédoniens avaient des ailes ? Alexandre, l'ayant fait prisonnier, eut la cruauté de le faire mourir, 352 ans av. J.-C.

ARIOBARZANE. On compte trois rois de Cappadoce qui ont porté ce nom. Le premier fut élu pour mettre fin aux querelles de deux concurrens dont l'un était son fils. Le second n'a rien fait de remarquable. Le troisième régna avec son frère Ariarathe, et fut assassiné par Cassius, qui s'empara de ses Etats.

ARIOBARZANE, gouverneur persan, l'un des plus habiles et des plus courageux adversaires d'Alexandre-le-Grand, périt dans une bataille qu'il livra au conquérant, 330 ans av. J.-C.

ARION, poëte et musicien célèbre de la Grèce, fut, dit-on, sauvé des flots par un dauphin qu'avaient attiré les sons harmonieux de sa lyre. — 7ᵉ siècle av. J.-C.

ARIOSTE (Louis), célèbre poëte italien, s'est immortalisé par son poème de *Roland furieux*. — 1474 à 1533.

ARIOVISTE, roi des Suèves, fut défait par Jules César, dans une bataille donnée près de Besançon, l'an 58.

ARISTACRIDAS, capitaine spartiate, s'illustra, par sa bravoure, dans la guerre que les Lacédémoniens entreprirent pour affranchir la Grèce pendant les conquêtes d'Alexandre.

ARISTAGORAS, gouverneur de Milet pour Darius, voulut